Ingrid Kühbacher · Sie lebten in Freiburg

INGRID KÜHBACHER

Sie lebten in Freiburg

Erinnerungen beim Gang über den Alten Friedhof

Schillinger Verlag GmbH · Freiburg im Breisgau

Meinen Eltern

1. Auflage 1987 · ISBN 3-89155-057-X
Fotos: Albrecht Weinhardt und Stadtarchiv Freiburg
Gesamtherstellung durch Druckerei Karl Schillinger, Freiburg

Inhalt

Vorwort

Seit meiner Kindheit hat der Alte Friedhof in Freiburg eine besondere Faszination auf mich ausgeübt. Ehrfurchtsvoll betrachtete ich zunächst die Gräber, obwohl die Vorstellung von Tod und Vergänglichkeit noch gar nicht ganz in meinen Kinderkopf eingedrungen war. Was mich vor allem neugierig machte,waren die Erzählungen und Anekdoten, die ich damals natürlich glaubte: z.B. die Geschichte über den Mord am alten Schmied vom Christoffeltor und die Liebesgeschichte der jungen Caroline Walter. Später begann ich, einzelne Gräber genauer zu betrachten und die Inschriften zu studieren. Auf vielen Grabsteinen entdeckte ich Namen von Familien, die auch heute noch in Freiburg vorkommen. Erst als ich dann als Gästeführer der Stadt auswärtigen Besuchern meine Heimatstadt zeigte und in diesem Zusammenhang immer wieder auch dem Alten Friedhof einen Besuch abstattete, entstand die Idee, den vielen Geschichten um den Alten Friedhof genauer nachzugehen und sie aufzuschreiben. Durch einen glücklichen Umstand fand ich in Albrecht Weinhardt einen Fotografen, der mit viel Einfühlungsvermögen die entsprechenden Bilder beisteuerte. Damit war der Plan gefaßt. Ich nahm Kontakt zu verschiedenen Freiburger Familien auf und stellte Nachforschungen im Stadtarchiv an. Jede dieser Familiengeschichten, so zeigte sich, repräsentiert auch ein Stückchen Stadtgeschichte. Es wurde aber auch sehr schnell deutlich, daß diese Sammlung nicht vollständig sein konnte, und zwar aus zwei Gründen: Zum einen durfte ein bestimmter Umfang nicht überschritten werden, zum anderen war nicht in allen Fällen Material ausfindig zu machen. So darf der Leser dieses Büchleins nicht enttäuscht sein, wenn er nicht immer Aufschluß über Geschichte und Hintergrund der jeweiligen Grabstätte bekommt. Ich hoffe aber, daß er trotzdem genug erfährt, um bei einem Spaziergang den Alten Friedhof mit einem »erweiterten Blick« wahrnehmen und erleben zu können. Zur besseren Orientierung habe ich alle besprochenen Familiennamen numeriert und in eckigen Klammern ihre Grabstätten in einem Plan gekennzeichnet.

Da in vielen Fällen das Material, auf das ich für dieses Buch zurückgegriffen habe, noch nicht gesammelt und publiziert ist, war ich auf Mithilfe angewiesen. Danken möchte ich deshalb an dieser Stelle ganz besonders den verschiedenen Freiburger Familien, die mir Einblick in ihre Chroniken gewährten, sowie den Damen und Herren vom Stadtarchiv Freiburg, insbesondere Herrn Dieter Hensle. Mein herzlicher Dank gilt auch Thomas Schwarz, dessen demnächst erscheinende Doktorarbeit sich vor allem mit den volkskundlichen Aspekten des Alten Friedhofs beschäftigen wird, Ingeborg Krummer-Schroth, Ursula Renner-Henke, Wolfgang Bock und Hermann Brommer. Dank auch meiner Familie und vielen Freunden für Rat und Unterstützung. Sie alle haben mit viel Selbstlosigkeit dabei geholfen, daß dieses Buch entstehen konnte.

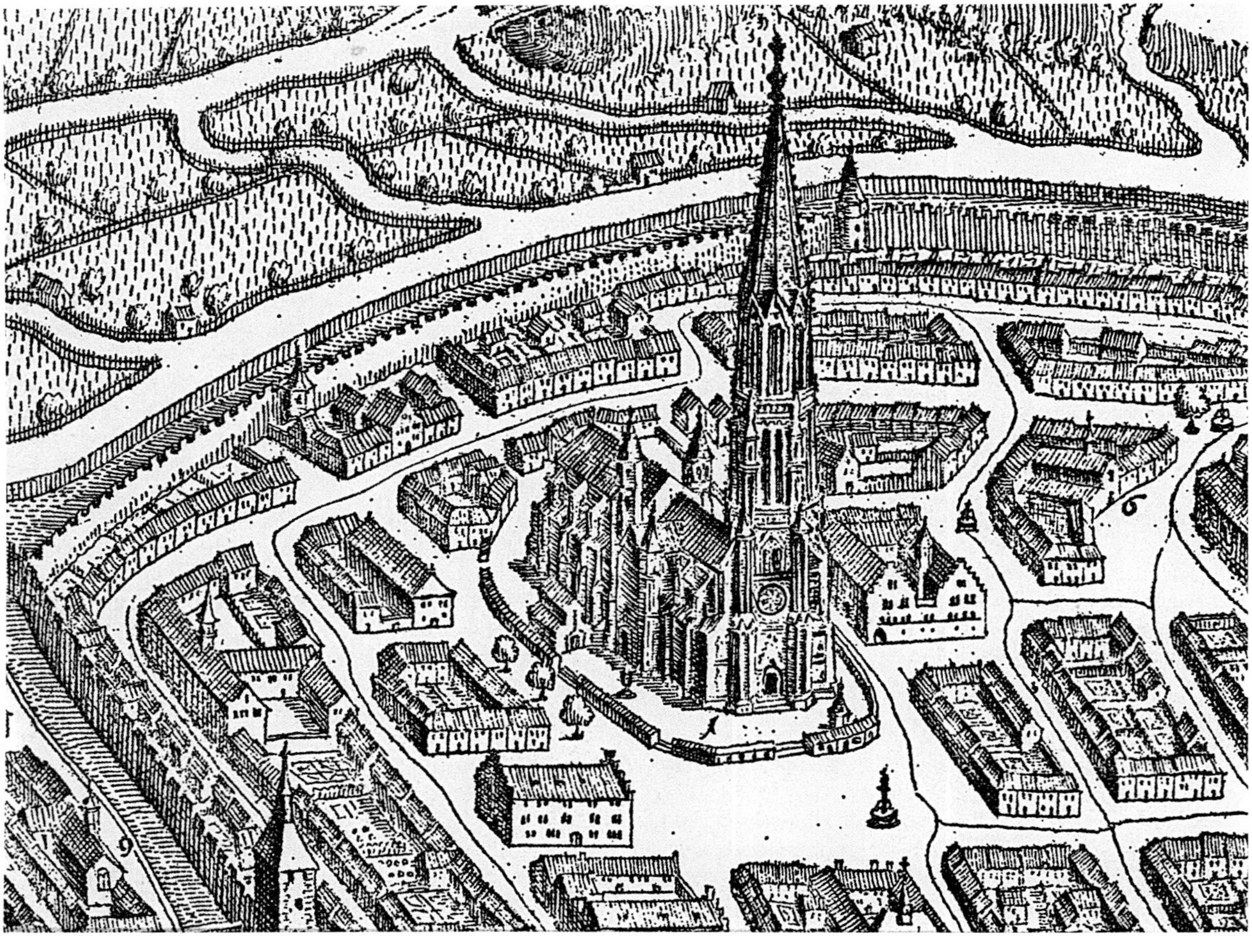

Der mittelalterliche Kirchhof um das Münster. Ausschnitt aus dem Kupferstich aus Matthäus Merians Topographia Alsatiae 1644

I. Friedhofsgeschichte und Gestaltung der Grabmäler auf dem Alten Friedhof

In einer Zeit, in der Friedhöfe häufig wie riesige gleichförmige Siedlungen aussehen, deren Grabanlagen nur noch wenig aussagen über Schicksal und Persönlichkeit eines einzelnen oder einer Familie, hat sich mit dem Alten Friedhof in Freiburg eine Kostbarkeit erhalten, die nicht nur regional, sondern auch allgemein zeitgeschichtliche Bedeutung hat. Er ist ein Dokument für Kunst, Geschichte und Geisteshaltung, aber auch für die Glaubenseinstellung des 18. und 19. Jahrhunderts. Nicht von ungefähr werden vergangene Kulturen nach den Erkenntnissen über ihren Totenkult beurteilt, denn der Geist einer jeden Epoche läßt sich auch daran ablesen, welchen Raum sie ihren Toten zugesteht. 1922 hatte ein Ausschuß für »Friedhof und Denkmal« die Empfehlung ausgesprochen: »... ein alter Friedhof ist als Gesamtkunstwerk späteren Geschlechtern zu überliefern.«(1) Umso bedauerlicher ist es, daß nur noch wenige alte Friedhöfe erhalten sind.

Die größte Begräbnisstätte in Freiburg war ursprünglich der direkt um die Hauptpfarrkirche der Stadt angelegte Münsterkirchhof. Dies war im Mittelalter allgemein üblich, damit die Lebenden, wenn sie den Gottesdienst besuchten, an die Allgegenwart des Todes erinnert wurden – memento mori –, und andererseits die Toten in der Gemeinschaft der Lebenden eingeschlossen blieben.

Bevorzugter Ort für Bestattungen war die Kirche selbst, denn die Gläubigen wollten möglichst in der Nähe der Heiligen, von denen sie sich Fürsprache erhofften, beigesetzt werden. Den Kirchhof umfriedete man nach altem Rechtsbrauch mit einer Mauer, in Freiburg »Esel« genannt. Diese Bezeichnung rührte daher, daß darauf am Palmsonntag – zur Erinnerung an den Einzug Christi in Jerusalem – ein auf Rollen gestellter hölzerner Palmesel hin und her gezogen wurde, auf dem die Kinder sogar reiten durften. Im Augustinermuseum kann man noch einen solchen besichtigen. Der Esel war das Jahr über im sogenannten »Palmeselstall« an der Südwand des Hauptturms untergebracht. Auf der Nordseite des Münsters, etwa auf der Höhe der heutigen Stadtbücherei, befanden sich die dem heiligen Andreas geweihte Friedhofskapelle und ein großes Kruzifix – Symbol der Erlösung und des ewigen Heils. Dieses steht heute vor der Michaelskapelle auf dem Alten Friedhof. In der Nähe des Kornhauses befand sich eine steinerne Leuchte, in Freiburg »Bäckerlicht« genannt, in der man »Arme-Seelen-Lichter« entzündete, außerdem eine Statue der heiligen Apollonia und ein Vesperbild. Unter der Andreaskapelle lag das Beinhaus, in das die exhumierten Gebeine gebracht wurden, um Platz für Neubelegung zu schaffen. Da auch in mehreren Schichten übereinander bestattet wurde, liegt der Münsterplatz heute 65 cm höher als einst, d.h. ursprünglich konnte man nur über Stufen in das Münster gelangen.

Für den mittelalterlichen Menschen spielten im allgemeinen weder Kennzeichnung und Pflege des Grabes noch Länge der Ruhezeit eine Rolle. Er betrachtete den Friedhof nur als Zwischenstation zwischen Diesseits und Jenseits. Nicht das individuelle Grab war von Bedeutung, sondern die Bestattung in geweihtem Boden, die Übereignung seines Leichnams an die Kirche, in deren Schutz er sich geborgen fühlte.

Angehörigen »unehrlicher« Berufe wie Henkern, Scharfrichtern, Abdeckern, Badern und Spielleuten konnte die Bestattung in geweihter Erde, ein sogenanntes »Ehrliches Begräbnis«, versagt werden. Dasselbe galt für Menschen, die strafbare Handlungen begangen hatten. Sie erhielten das sogenannte »Eselsbegräbnis«, sie wurden auf dem Richtplatz, Pestanger oder einem ähnlichen Ort verscharrt. Selbstmörder bekamen nicht nur kein kirchliches Begräbnis, ihnen wurde häufig auch ein Grab in der Erde verweigert. Wenn möglich, wurden sie einem fließenden Gewässer übergeben, zum Beispiel dem Rhein in Basel(2).

Die meisten Menschen aber fanden auf dem Kirchhof ihre letzte Ruhestätte. Als angesehener Bürger legte man im Testament genau die Stelle der Grablegung fest – wie schon erwähnt, war die Nähe der Heiligen von Bedeutung, aber nicht so sehr die Gestaltung des Grabes. In der Regel gab es auf dem Kirchhof einfache niedrige Holzkreuze, im Inneren der Kirche dagegen mehr oder weniger reich verzierte Grabplatten, die die Gräber im Fußboden verschlossen. Nur für besonders bedeutende Persönlichkeiten wurde ein Hochgrab angelegt. Die Fülle von Grabmälern im Kircheninneren führte schließlich dazu, daß häufig eigentliches Grab und Grabdenkmal getrennt wurden. So entstanden die Epitaphien. Dabei handelt es sich um Denkmäler, die zum Gedächtnis an einen Verstorbenen angebracht wurden, die aber nicht mit dem eigentlichen Grabmal identisch sind. Die Epitaphien wurden ganz unterschiedlich gestaltet. Oft waren sie reine Identitätsnachweise, konnten aber auch so reich und kunstvoll gestaltet sein, daß sie manchmal kaum von Altären zu unterscheiden waren.

Testamentarisch wurden auch Gottesdienste und Gebete für das Seelenheil bestimmt. In Freiburg war es darüber hinaus Brauch, daß die Bürger bei ihrem Tod – wie beispielsweise die Snewlins – ihr bestes Gewand für Bau und Ausstattung des Münsters stifteten. Um durch Seelenmessen das Gedächtnis des Stifters und seiner Familie zu sichern, wurden im Mittelalter zahlreiche Pfründe ausgesetzt. Sie waren jeweils einem bestimmten Altar zugeordnet, aber nach den Stiftern benannt. Ende des 15. Jahrhunderts sind in den bischöflichen Steuerverzeichnissen 22 Altäre im Münster genannt, auf die etwa 70 Pfründe für Seelenmessen gestiftet waren. Dabei darf man nicht vergessen, daß zu diesem Zeitpunkt noch der wesentlich kürzere romanische Chor existierte. Der Freiburger Kirchenhistoriker Wolfgang Müller schreibt in seinem Aufsatz über »Mittelalterliche Formen kirchlichen Lebens am Freiburger Münster«: »... es war doch sicher auch die Masse der Kaplaneistiftungen, die in der ersten Hälfte des 14. Jahrhunderts hier vollzogen wurde, die damit gegebene gewaltige Vergrößerung des Klerus und das mit den Stiftungen auftretende Bedürfnis nach vielen Altären, die zu einer so großen Chorerweiterung und zu einem solch wohlbedachten Kranz von Kapellen getrieben haben. Als das Ganze aber vollendet war und in Gebrauch genommen werden konnte, verging nur kurze Zeit und die Zahl des Klerus hat sich rapid vermindert und die Pfründe konnten wegen wirtschaftlicher Unzulänglichkeit kaum oder nur kumulativ besetzt werden ... die Frömmigkeitsvorstellungen hatten sich gewandelt; die Maßgebenden des öffentlichen Lebens stifteten Studienkollegien oder Bursen.«(3)

Für Kindergräber war meist ein bestimmter Teil auf der Nordseite der Kirchhöfe ausgewiesen, der sogenannte Engelgottesacker. Wöchnerinnen wurden häufig unter der Dachtraufe der Kirche begraben, damit sie durch das von der Kirche herabfließende Wasser gereinigt würden. Nach mittelalterlichem Brauch erhielt eine Mutter vor dem ersten Kirchgang nach der Geburt eines Kindes unter der Kirchentür den Segen. Daher hieß das südliche Querhausportal des Münsters auch »Segenstür«.

Die Armen wurden in Gemeinschaftsgräbern – ohne Sarg, in mehreren Lagen neben- und übereinander – bestattet.

Die Gräber waren nicht sehr tief. So kam es immer wieder vor, daß bei Regenauswaschungen oder Erdarbeiten Gebeine zutage traten. In seinem Buch über »Kunst und Kult der Grabstätten« schreibt Adolf Hüppi: »Es gehörte zum Bild der Totenstätte, daß Gliederknochen und ganze Schädel frei herumlagen und Kinder und Hunde damit spielten.«(4)

Ein wesentliches Merkmal des mittelalterlichen Kirchhofs bestand darin, daß er zusammen mit der Kirche im Zentrum des städtischen Lebens lag, Lebende und Tote also einen gemeinschaftlichen Raum hatten. Nicht selten wurde auf Kirchhöfen von einer Außenkanzel herab gepredigt. Außerdem galt der durch eine Mauer eingegrenzte Kirchhof als Asylbezirk, das heißt er bot Verfolgten Schutz. Er war aber nicht nur Asylbezirk und Stätte des religiösen und kirchlichen Lebens, sondern auch Mittelpunkt weltlichen Treibens. Auf dem Kirchhof trafen sich die Bürger nach der Messe zum Gespräch. Er war Sammelplatz, »wenn die Sturmglok in Feindesnoth, Feuersgefahr oder sonstigem Alarm vom Münster tönte. Die Zünftigen in voller Kriegsrüstung schaarten sich da um ihre Banner und empfingen ihre Befehle von der Obrigkeit ...«[5] Bis zum Bau der Gerichtslaube auf der »Großen Gaß« (heute Kaiser-Joseph-Straße) tagte auf dem Kirchhof das öffentliche Gericht in Sachen des bürgerlichen Rechts wie auch des Strafrechts, für die das »Malefizgericht um den blutenden Schlag« zuständig war. Vom sogenannten Ganthäusel wurden Zwangsversteigerungen ausgeboten. Außerdem waren im Laufe des 14. und 15. Jahrhunderts bereits Verkaufsstände vom Markt auf der »Großen Gaß« vor den Friedhof direkt an die Kirchhofsmauer verlegt worden, da die Kaufleute sich dort gute Geschäfte erhofften.

Im Jahr 1510 regte Kaiser Maximilian I. unter dem Eindruck der furchtbaren Pestepidemien an, den Begräbnisplatz wegen der Seuchengefahr aus dem Mittelpunkt der Stadt zu verlegen. Er leitete damit in Freiburg eine Entwicklung ein, die überall in den Städten zu beobachten war. Aus dem alten Kirchhof wurde der neuzeitliche Friedhof. Die mittelalterlichen Kirchhöfe um die Pfarrkirchen wurden nicht mehr belegt und verschwanden nach und nach. Man schloß die Toten aus der Stadt aus. Es wurden Friedhöfe am Stadtrand angelegt, wie es schon in der Antike (etwa die römischen Gräberfelder entlang der Via Appia) üblich war. Allerdings wurde der Vorschlag Kaiser Maximilians in Freiburg zunächst nicht verwirklicht, da man, neben anderen Bedenken, vor allen verminderte Pfarreinkünfte befürchtete. Der Kaiser bewirkte daraufhin einen Erlaß des Papstes Leo X. vom 26. Juli 1513, der Beerdigungen um das Münster wie auch auf den kleineren Klösterfriedhöfen in Freiburg verbot. Erbbegräbnisse reicher Familien im Münster waren davon nicht betroffen. Seit 1368 hatte der Rat der Stadt das Recht, »für einzelne Personen Begräbnisse im Münster zuzulassen.« Später konnte dort jeder gegen entsprechende Bezahlung beigesetzt werden. Zunächst wurden für ein Begräbnis 20 Gulden, seit 1693 30 Gulden »zum Besten des Münsterbaues« erhoben. »1784 erfolgte das gänzliche Verbot von Grablegungen im Münster. Am 13.7.1784 war die letzte Beerdigung. Seit 1836 werden nur noch die Bischöfe im Münster beigesetzt«[6], schließlich war Freiburg ja 1827 Bischofssitz geworden und somit die einstige Pfarrkirche zur Kathedrale aufgestiegen.

Der nach der Schließung des Münster-Kirchhofs neu zu errichtende Friedhof wurde mit allen Privilegien des »Campo Santo Teutonico« in Rom ausgestattet. Der Name »Campo Santo« gilt als Ehrentitel für Friedhöfe, die mit Erde aus dem Heiligen Land bestreut waren, wie der deutsche Campo Santo in Rom, von dem eigens Erde nach Freiburg gesandt und auf dem neuen Friedhof ausgestreut wurde. Der neue Friedhof wurde 1515 in der Vorstadt Neuburg bei der Kirche St. Nikolaus – im Bereich der heutigen Bernhard-, Ludwig- und Karlstraße – angelegt und hieß daher Nikolaifriedhof.

Nachdem die Truppen Ludwigs XIV. im Jahre 1677 die Stadt erobert hatten und sie durch Vauban befestigt wurde, fiel der Nikolaifriedhof dieser Festungsanlage zum Opfer. Er wurde 1683 durch einen dritten Freiburger Friedhof, unseren heutigen »Alten Friedhof«, ersetzt, welcher nördlich des Nikolaifriedhofs, von dem noch ein Teil mit in die Neuanlage einbezogen werden konnte, entstand.

Erst 40 Jahre später, im Jahre 1722, wurde es durch Stiftungen Freiburger Bürger, des Oberst-Zunftmeisters Philipp Jakob Spindler und des Bärenwirts Andreas Pflug, möglich, eine eigene Kapelle zu bauen. Sie wurde dem heiligen Michael geweiht. Spindler verfügte auf dem Totenbett sogar noch, daß ein Priester täglich, außer sonn- und feiertags, eine heilige Messe lese und »dabei seiner und seiner Familie und aller auf dem

Friedhof Begrabenen in der Michaelskapelle gedenke.«(7)

Die Ereignisse der folgenden Jahrzehnte brachten dem Alten Friedhof einige Veränderungen. Im Österreichischen Erbfolgekrieg (1740–1748) wurden 1744 bei der Belagerung und Beschießung der Stadt durch französische Truppen viele Gräber von einschlagenden Kanonenkugeln zerstört. Dies ist wohl der Hauptgrund, warum aus der Entstehungszeit des Alten Friedhofs keine Gräber mehr zu finden sind – die ältesten noch erhaltenen stammen aus der zweiten Hälfte des 18. Jahrhunderts. Zu diesen gehört das schöne Rokokograb des Ehepaares **Straumann** [1] aus dem Jahre 1764, dessen oberer Abschluß, ein schmiedeeisernes Grabkreuz, verlorengegangen ist.

Auch die Kapelle war damals stark beschädigt worden. Die Errichtung der Friedhofsmauer erfolgte erst seit 1788 nach der Schleifung der Vaubanschen Festungsanlage. Damit wurden Nischengräber möglich. Während im Mittelalter die gehobenen Schichten der Gesellschaft möglichst im Inneren der Kirche oder in ihrer unmittelbaren Nähe begraben sein wollten, waren es hier nun die Gräber an der Friedhofsmauer, die begehrt waren.

Obwohl die Gräber auf dem Alten Friedhof entsprechend der Friedhofsordnung schon nach 8 Jahren, bei Bedarf manchmal sogar nach 5 Jahren wieder belegt werden konnten, kam es schon bald zu Raumproblemen, die immer wieder Erweiterungen in östlicher und nördlicher Richtung erforderten (1711, 1828, 1838, 1844, 1860) und die schließlich zur Schließung des Alten Friedhofs führten. Am Allerheiligentag 1872 wurde die letzte Beerdigung auf dem Alten Friedhof durchgeführt, nachmittags die erste auf dem neueröffneten Freiburger Hauptfriedhof. Die 1844 auf dem Alten Friedhof errichtete Leichenhalle wurde nach der Schließung des Friedhofs abgebrochen.

Die Gründe für die Raumprobleme lagen einerseits in dem außerordentlich raschen Anwachsen der Bevölkerung (im Jahre 1800 hatte Freiburg 9050 Einwohner, 1900 waren es ca. 60000 Einwohner), aber vor allem auch in einer veränderten Einstellung zur eigenen Grabstätte. Es wuchs das Bedürfnis nach einem individuellen Grab, das auch für die nachfolgenden Generationen identifizierbar sein sollte. Dabei spielte das durch Aufklärung und Säkularisation erstarkende Selbstbewußtsein eine Rolle. Seit dem 17. Jahrhundert hatte sich mit dem erwachenden Selbstbewußtsein des Bürgertums allmählich der Wunch auf »Identität« über den Tod hinaus entwickelt. Neben den Gräbern der Reichen in der Kirche und den Massengräbern für die Armen war nun bei den meisten Bürgern das Bedürfnis erwacht, ein »individuelles, endgültiges« und »mit der Stelle der Beisetzung zusammenfallendes Grab« zu haben. Daher konnten die Friedhöfe der »Invasion der Gräber nicht mehr Herr werden, wenn nicht genügend Erweiterungsmöglichkeiten bestanden.«(8)

Der Alte Friedhof in Freiburg legt – nicht nur aufgrund seiner immer wieder notwendig gewordenen Erweiterungen – Zeugnis ab für die veränderte Haltung der Menschen gegenüber dem Tod. Bezeichnend ist seine Lage: außerhalb der Stadt in malerischer Umgebung, als Park für Spaziergänger gestaltet. Die Hinterbliebenen sollten oft und gern zu Besuch bei den Gräbern ihrer Lieben weilen, die der Tod ihnen entrissen hatte. Das Grab wurde Ziel der Familienwallfahrt, was dem mittelalterlichen Menschen nicht in den Sinn gekommen wäre. Der Freiburger Professor Johann Georg Jacobi, der später selbst auf dem Alten Friedhof begraben wurde, gab in seiner Zeitschrift »Iris« anläßich des Todes seines Sohnes, der im Alter von 17 Jahren verstorben war, ein besonders anschauliches Bild des Alten Friedhofs in der Zeit um 1813: »... Was mir nicht wenig ... zu Hülfe kommt, ist die anmuthige Lage des hiesigen Gottesackers, der, die Kreuze auf den Grabhügeln ausgenommen, nichts von seiner traurigen Bestimmung verräth. Unweit der Stadt und einer mit Pappeln besetzten Landstraße, von Gärten mit Fruchttragenden Bäumen umringt, scheint er weniger, die Todten aufnehmen, als die Lebenden einladen zu wollen. In einer kleinen Entfernung zeigt sich der Schloßberg, den unsre unermüdeten Bürger immer mehr zum Weinberge umschaffen, und an dessen Fuße

Alter Friedhof nach Lerch. Der Alte Friedhof mit Kapelle und Einsegnungshalle. Ausschnitt aus der Vogelschauansicht der Stadt, 1852 angefertigt von Joseph Wilhelm Lerch, heute im Lesesaal des Stadtarchivs.

reiche Kornfelder und ergiebige Matten sich ausdehnen. Auf dem Gottesacker selbst wohnt der Aufseher desselben in einem mit Reben umflochtenen Hause, und das Rauschen eines einfachen Brunnens vermehrt die Annehmlichkeit des Ganzen … Das Traurige, was sonst ein Begräbnisort zu haben pflegt, wird von dem unsrigen insonderheit dadurch entfernt, daß ein Fußpfad über denselben nach einem in der Nähe gelegenen Dorfe (Herdern), zu Gärten, Feldern und Reben führt. Da eilen früh Morgens Gärtner und Ackerleute zu ihrer Arbeit, und kehren Abends, ihre Geräthschaft auf der Schulter, heim. Viele ruhen hier, wo künftig ein längerer

Feyerabend sie erwartet.«(9) Als Illustration fügte Jacobi einen Kupferstich mit dem Grab seines Sohnes dieser Beschreibung bei. Darauf lassen sich auch Friedhofskapelle, Mesnerhaus, Brunnen und der nach Herdern hindurchführende Weg erkennen.

Neben den traditionellen Grabanlagen kamen – entsprechend dem Geschmack des 18. und 19. Jahrhunderts – zunehmend auch neue Formen von Grabdenkmälern hinzu. Sie gehören den Stilepochen des ausklingenden Rokoko, des Klassizismus und der durch die Romantik erweckten Rückwendung zur Gotik, der Neugotik und des Historismus an.

Man findet auf dem Alten Friedhof folglich ein Nebeneinander verschiedenster Stil- und Kunstformen:

Die freistehende Stele – eine steinerne Grabplatte –, die umflorte bekränzte Urne, die Säule, den Obelisk, die Pyramide, Formen, die aus dem Geist der Antike geprägt waren. Obelisk wie auch Pyramide sind altägyptischen Ursprungs, während die Stele in Griechenland weit verbreitet war und als freies Monument auf den Gräbern der antiken Friedhöfe stand. Wand- und Nischengräber zeigen häufig antikisierende Architekturelemente. Ausgeschmückt wurden diese Grabsteine zunächst noch häufig mit christlichen Symbolen, wie dem Auge Gottes in einem gleichseitigen Dreieck, dem Monogramm Christi, den Buchstaben Alpha und Omega (für Anfang und Ende), dem Lamm, Ölberg-, Kreuzigungs- und Auferstehungsszenen, außerdem Sonne und Sterne, Symbole für die Allgegenwart Gottes und seines Reiches. Daneben stehen aber auch rein vom Geist des Klassizismus geprägte Motive, wie die geknickte verlöschende Fackel als Sinnbild des erloschenen Lebens, der Schmetterling als Symbol der vom Leib geschiedenen menschlichen Seele, das Stundenglas als Hinweis auf das abgelaufene Leben. Säule, Obelisk und Pyramide sind meist am oberen Ende abgebrochen als Sinnbild des vom Tod unterbrochenen Lebens.

Wie die Grabanlagen auf dem Alten Friedhof aber auch die von anderen bedeutenden Friedhöfen aus späterer Zeit – dem »Cimitero di Staglieno« in Genua, dem Friedhof von Nizza oder dem »Père-Lachaise« in Paris – zeigen, stand zunehmend weniger die Religion als das private und öffentliche Leben im Vordergrund. Subjektives Gefühl trat an die Stelle des christlichen Glaubens. Diesen Gesichtspunkt betont Thomas Schwarz in seiner demnächst erscheinenden Dissertation über »Freiburger Sepulkralkultur im Wandel«.

Verhaltene Trauer um die geliebte Person läßt sich an zahllosen Grabmälern auf dem Alten Friedhof ablesen – sei es an der Inschrift oder an der künstlerischen Gestaltung.

Der Grabstein der **Magdalena Streicher** († 1815)[2] zeigt Gatte und Kinder in zeitgenössischer Kleidung unter einer Trauerweide weinend am Grab versammelt. Sie trösten sich mit dem Grabspruch: »Was du geniesest, das hoffen wier: Die ewige Seligkeit«.

Die verzweifelte Trauer einer Mutter mit 6 kleinen Kindern kommt am Grab des Familienvaters **Joseph Anton Wolfinger** († 1795)[3] in Bild und durch die Inschrift zum Ausdruck: »Mit dir in dieses Grab sank unsre Welt hinab«.

Ein rührendes Bild bietet der Grabstein der beiden Schwestern **Maria Anna und Crescentia Wetzel**[4], die innerhalb eines Jahres 1795/1796 starben. Die trauernden Eltern ließen sie in inniger Umarmung darstellen. Ein Engel mit Palmzweig und Rosenkranz schwebt über dem Sarkophag. Die Inschrift lautet: »Sie flochten unschuldvoll am Kranz der Jugendfreude / Da lies ein Engel sie die bessern Kraenze sehen / Lies seine Friedenspalme wehn / Und sie umarmten sich kom Schwester sagten beyde / Der Engel winkt uns heim zu gehn«. Die Schwesterngruppe besitzt eine Anmut, die den Betrachter an das zeitgleiche, berühmte, wenn auch selbstverständlich künstlerisch anspruchvollere Marmordenkmal der späteren Königin Luise von Preußen und ihrer Schwester Friederike von Johann Gottfried Schadow erinnert. Er gilt als einer der bedeutendsten Bildhauer des deutschen Klassizismus. Goethe nannte die Prinzesinnen »himmlische Erscheinungen«.(10)

Auf dem Grabstein der **Anna Kermann** († 1823)[5] klagt der Ehemann wortreich um seine Gattin:

»Komm zu uns liebe Mutter, sehet liebe Kinder, hier

Der schöne Rokokograbstein des Ehepaares Straumann († 1764) gehört zu den ältesten erhaltenen Grabsteinen des Alten Friedhofs.

Grabstein der Magdalena Streicher († 1815). Er zeigt die trauernden Familienangehörigen am Grab versammelt.

ruhet die Asche Eurer lieben guten sorgfältigen Mutter neben 7 unsern Kindern, meine liebe unvergeßliche Gattin, Eure gute Mutter, M. Anna Kermann geborene Hissin, die mir der Allmächtige, nach verflossenen 42 Jahren, die wir immer zufrieden beisammen lebten aus meinen Armen entriß, ach Gott, Du hast es so gewollt, wir warn ja durch die Reihe dieser verflossenen Jahre immer nur eines Sinnes und ein ♡ und sind und bleibens auch jetzt noch bis uns der Allgütige die Gnade schenkt, daß wir uns jenseits in ewigen Freuden wiederfinden, wo keine Trennung mehr zu finden ist.« Die sieben jungverstorbenen Kinder der Anna Kermann, die ihr zurufen: »Komm zu uns liebe Mutter ...«, sind in einem Oval auf dem Grabstein dargestellt.

Wesentlich kürzer, aber ebenso eindrucksvoll ist die Grabinschrift für **Emma Jenny Baronne de Cetto** († ?)[6]: »La première au Rendez-Vous« (die erste beim Wiedersehen), in der die Hoffnung auf eine Wiederbegegnung mit den Lieben im Jenseits zum Ausdruck kommt.

Liebevolle Familienbeziehungen lassen sich in allen Variationen finden. Ein sehr verbreitetes, aus der Antike übernommenes Motiv war die Darstellung der verschlungenen Hände von Ehegatten. Auf griechischen Grabstelen findet man sie als ein einfaches Zeichen der Verbundenheit zweier Personen, wobei das Familienverhältnis keine Rolle spielte, auch zwei Männer oder zwei Frauen konnten einander die Hand reichen.(11) Auf römischen Grabreliefs war der Händedruck nur zwischen Mann und Frau üblich und konnte nicht nur Sinnbild des innigen, unverbrüchlich treuen Zusammenhaltens der Familie sein, sondern auch Hinweis auf den sozialen Tatbestand der Ehe.(12)
Das Gefühlsbetonte kam auch im Trauerschmuck des 18. Jahrhunderts zum Ausdruck: Schmuckstücke trugen die Initialen des geliebten Wesens, umschlossen eine Haarlocke oder zeigten eine Darstellung des Grabes.

Trauerbezeugungen wurden nicht nur durch ganz persönliche Worte oder die Selbstdarstellung der weinenden Hinterbliebenen ausgedrückt. Sinnbild der Trauer waren auf vielen Gräbern auch die weinenden Putti. Sie gehen auf die antiken Eroten zurück, wurden seit der Renaissance wieder aufgegriffen und bilden dann später unverzichtbaren Bestandteil der Formenwelt des Rokoko.

Bei Kindergräbern fällt auf, daß sie alle einander sehr ähnlich sind. Da der Verlust eines Kindes besonders erschütternd und für Eltern nie zu verschmerzen ist, verdrängte man die Wirklichkeit des Todes und ließ das Kind schlafend darstellen. Der Tod – und auch das hat bereits seine Wurzeln in der Antike – wurde als Bruder des Schlafes gezeigt. Eines der schlichtesten und vielleicht gerade dadurch ergreifendsten Kindergräber auf dem Alten Friedhof ist das des kleinen **Rudolf Montfort** († 1796) [7]. Der Tod ist gleichsam entwirklicht. Der kleine Junge scheint zu schlafen, was die zuversichtliche Grabinschrift: »Wird wieder erwachen« unterstreicht. Im Hintergrund sieht man einen Rosenstock, von dem sich eine Knospe in die Urne hineinneigt. Neben der Li-

Das Grabrelief des kleinen Rudolf Montfort († 1796) gilt als das schönste Kindergrab auf dem Alten Friedhof.

lie galt die Rose unter anderem als eine Totenblume, die schon in vorschristlicher Zeit sinnbildhaft so verwendet wurde. In manchen Gegenden wurden Friedhöfe auch Rosengarten genannt.

Aber nicht nur auf Kindergräbern wird der Tod als Schlaf dargestellt. Die Verbindung von Tod und Schlaf wurde zum Thema großer bildhauerischer Leistungen

Der Grabstein des Prof. Dr. Beck († 1838) zeigt einen auf die erlöschende Fackel gestützten Todesjüngling.

der Grabmalkunst, deren Gestaltung Gotthold Ephraim Lessing mit seiner 1769 verfaßten Schrift »Wie die Alten den Tod gebildet« beeinflußt hatte. Er wandte sich gegen die Vorstellung des Todes als Knochenmann, wie sie seit den Totentanzdarstellungen des Mittelalters Allgemeingut war. An dessen Stelle trat – antikisierend – die Versinnbildlichung des Todes durch den Genius mit der verlöschenden Fackel. So findet sich zum Beispiel auf dem Grabstein des Professors der Chirurgie **Dr. C. Josef Beck** († 1838)[8] ein geflügelter Genius, der ganz offensichtlich auf die gleiche antike Quelle zurückgeht wie der Genius auf der Titelseite der Erstausgabe von Lessings Schrift.(13) Ein Marmorrelief zeigt den Jüngling mit überkreuzten Beinen, auf die gerade erlöschende Fackel gestützt, mit dem Siegeskranz in der Hand. Auf der Fackel sitzt der Schmetterling – als Verkörperung der menschlichen Seele.

Den Tod als Schlaf zeigt eines der bekanntesten Grabmäler auf dem Alten Friedhof, das Grab der **Caroline Christine Walter** († 1867)[9]. Das in lebendiger Natürlichkeit schlafende junge Mädchen liegt ausgestreckt auf einem Ruhelager, nach dem Vorbild von Christian Rauchs berühmten Grabmal der Königin Luise von Preußen in Charlottenburg.

Ein Grabstein der Familie **Sautier**[10] gehört zu den besonders schönen Beispielen antikisierend gestalteter Grabmäler. Das Marmorrelief zeigt in wohldurchdachter Ikonographie in der linken Hälfte den geflügelten Todesgenius mit gesenktem Haupt, die Tränen trocknend. Er sitzt neben der Urne, die die sterblichen Überreste enthält. Dieser Todesgenius verkörpert das ausgelöschte Licht des Lebens und die Trauer. Rechts schwebt eine Frauengestalt mit Schmetterlingsflügeln in einem flatternden Gewand. Es ist Psyche in der Urbedeutung des griechischen Wortes als »Seele«. Ihre Füße berühren den Boden nicht. Mit der linken Hand weist sie auf die Urne, mit der rechten auf den sich darüber erhebenden Schmetterling, Sinnbild für die Befreiung der Seele und damit Hoffnung auf Unsterblichkeit.

Auf dem Grabstein der **Elisabeth von Bargher** († 1811)[11] ist eine halbgeöffnete Urne zu erkennen, aus der ein Schmetterling entflieht, »übersetzt«: Die Urne birgt zwar die sterblichen Überreste der hier Ruhenden, ihre Seele entweicht jedoch befreit ins Jenseits. Drei Putti unter der Urne drücken in ihrer unterschiedlichen Haltung verschiedene Stadien aus, wie Trauer in Zuversicht verwandelt werden kann. Der erste weint bitterlich, während der zweite bereits aus seinem Schmerz erwacht und der dritte lebensfroh und hoffnungsvoll auf die aufsteigende Seele weist.

Die aus dem Geist der Romantik hervorgebrachten neugotisch gestalteten Grabdenkmäler zeigen Formen gotischer Architektur und Plastik: Fialen, Spitzbögen, die teilweise mit Krabben besetzt sind, statt des klassischen Genius Engelsfiguren wie beim Grabmal des **Johann Michael Meißburger** († 1854)[12].

Häufig sieht man auf Grabsteinen Verstorbene – mit Porträtzügen oder auch idealisiert – in Begleitung einer Gestalt, die die Seele geleitet. »Seelengeleiter auf dem Alten Friedhof ist neben dem Engel der Todesjüngling. Beide vermitteln jeweils einen anderen Aspekt des Todes: Der Todesjüngling führt den Menschen aus der irdischen Mühsal in den erquickenden Schlaf, und der Engel geleitet die Seele, die nach Meinung der Angehörigen stets ein positives Urteil im Totengericht erreicht, zur Anschauung Gottes in den Himmel.«(14)

Ein besonders schönes Beispiel für das Seelengeleit durch den Todesjüngling ist das Grabmal der **Rosa Imberi** († 1795)[13].

Sie wird von ihm in die geöffnete Gruft geführt. Die erloschene Lebensfackel und das umgefallene Stundenglas liegen zu ihren Füßen. Ihr Antlitz zeigt weder Furcht noch Auflehnung gegen den Tod, sondern ruhige Ergebenheit, was auch die Worte auf ihrem Grabstein unterstreichen: »Wer 77 Jahre gearbeitet bedarf der Ruhe«.

Der Grabstein der **Pauline Marie Schleip geborene Osterloff** († 1862) [14] gibt ein Beispiel für das Seelengeleit durch einen Engel. Die im Kindbett verstorbene Mutter wird mit ihrem 3 Tage alten Söhnlein in den Himmel geleitet. Unter den aufwärts Schwebenden sieht man die von Schwarzwaldbergen umrahmte Stadt Freiburg, aus deren Mitte der Münsterturm aufragt.

Auf Grabmälern der ersten Hälfte des 19. Jahrhunderts erscheinen aber auch allegorische Gestalten, Trauerfiguren, die die Aufgabe haben, den Betrachter in das Bild hineinzuziehen und an der persönlichen Trauer zu beteiligen. Neben diesen allgemeinen Sinnbildern ist die Individualisierung des Grabmals zu beobachten, die durch Inschrift oder Bildnis oder beides zum Ausdruck kommt. Die Inschrift kann kurz gefaßt sein und nur die wichtigsten persönlichen Daten, aber auch eine ausführliche Biographie des Verstorbenen wiedergeben, manchmal sogar mit Angabe der Todesursache.

Ein besonders schönes Beispiel hierfür ist der von Franz Anton Xaver Hauser geschaffene Grabstein der **M. Magdalena Hosner** († 1786) [15], geschmückt mit Putto, Obelisk und Urne.

Auf der Vorderseite steht zu lesen: »Der / Reinen Asche / Der wohlgebohrn / Jungfrau / M. Magdalenen / Des Fürstl. Bad.Bad. / Geh. Hofr. Hosner / Ehl. Tochter / Sie starb / Den 26. Januar 1786 / Nur / 22 Jahre alt / Aber / An Tugend Vernunft / Und Sitten / Schon / Dem Himmel / Reif.« Der Inschrift ist noch zugefügt: »An diesem Ort gilt kein Gedicht / Gewiss die drükt ihr Grabstein nicht«, und die Rückseite lautet: »Wanderer / Nicht / Ob du lange / Sondern / Ob du rechtschaffen / Gelebt habest / Darauf / Kommt es an«.

Häufig wird der Vorübergehende darüber hinaus an die Vergänglichkeit des Lebens erinnert oder zu einem Gebet für den Verstorbenen aufgefordert.

Angabe von Beruf, Titel, Orden und Ämtern fehlt in den wenigsten Fällen und ist oft auch bildlich vergegenwärtigt. Gräber von Angehörigen des Klerus zeigen immer wieder Kelch und Hostie. Bei Adelsgräbern darf nie das Familienwappen fehlen, manchmal findet man auch Helm, Schwert und Schild, Attribute des ehemals kriegerischen Standes. Grabsteine von Patriziern schmückt häufig das bürgerliche Wappen. Bei Angehörigen eines handwerklichen Berufes sind die Handwerksgeräte, die in dem jeweiligen Handwerk benötigt werden, gezeigt (15). So sieht man auf dem Grabstein des Münsterbaumeisters **Georg Riescher** († 1807) [16] in einem Oval sämtliche Steinmetzwerkzeuge (wie sie bis heute in der Münsterbauhütte verwendet werden) und einen Aufriß des Münsterturms.

Im Giebelfeld des Grabsteins für **Johann Christian Wentzinger** († 1797) [17] sind die Embleme seiner Künstlertätigkeit als Architekt, Maler und Bildhauer erkennbar.

Georg Riescher († 1807) war Münsterbaumeister. Daran erinnert die Darstellung der Steinmetzwerkzeuge und des Münsterturms auf dem Grabstein.

Der bekannte Rokokokünstler Johann Christian Wentzinger († 1797) wird dem Besucher des Alten Friedhofs im Profil gezeigt.

Gelegentlich sind die Gräber so individualisiert, daß sich daran die gesamte Familiengeschichte ablesen läßt oder dem Verstorbenen durch ein Porträt ein Denkmal gesetzt wird, sei es als Medaillon, wie beim Grab Johann Christian Wentzingers, sei es als Büste, wie bei dem Grab des Domkapitulars **Johann Baptist von Hirscher** († 1867) [18] oder in voller Lebensgröße, wie bei **Ferdinand Geminian Wanker** († 1855) [19].

Die meisten Grabdenkmäler auf dem Alten Friedhof sind aus dem roten oder hellen Sandstein unserer Gegend geschaffen, nur in seltenen Fällen wurde weißer Marmor verwendet, ein im Klassizismus bevorzugtes Material. Einige wenige wunderschöne Holzkreuze haben sich bis zum heutigen Tag erhalten, daneben die schmiedeeisernen Grabkreuze, die in ihrer Gestaltung ebenfalls das Nebeneinander verschiedener Stile erken-

Ein schönes, kunstvoll im Rokokostil gestaltetes schmiedeeisernes Grabkreuz steht heute im Augustinermuseum.

nen lassen. Das schönste Beispiel eines schmiedeeisernen Rokokokreuzes steht heute im Kreuzgang des Augustinermuseums. Das Kreuz auf dem Grab des Professors **Johann Georg Jacobi** († 1814) [20] zeigt die strengen linearen Formen eines vom Klassizismus geprägten Grabmals. Bei den schmiedeeisernen Kreuzen wurde im Schnittpunkt der Kreuzesarme meist ein flaches, mit Türe verschließbares Kästchen angebracht, das im Inneren oder auf dem Deckel die Inschrift trägt.

Seit Mitte des 19. Jahrhunderts tauchen immer mehr serienmäßig hergestellte Grabdenkmäler auf, eine Entwicklung, die an der Gestaltung unserer heutigen Friedhöfe weiterzuverfolgen ist. Extremes Beispiel: In der norditalienischen Hafenstadt Genua denkt man daran, einen Wolkenkratzer für die Toten der Stadt als Friedhof einzurichten(16), in eben der Stadt, in der der berühmte »Cimitero di Staglieno« liegt.

Der Besucher des Alten Friedhofs kann aber nicht nur geistes-, kultur- und kunstgeschichtliche Betrachtungen anstellen, sondern er wird, besonders wenn er an der Freiburger Stadtgeschichte interessiert ist, beginnen, über die Schicksale derer nachzudenken, deren Namen er liest und die einstmals für die Geschicke der Stadt von Bedeutung waren und es teilweise auch heute noch sind.

So ist der Alte Friedhof auch ein Bilderbuch der Geschichte des 18. und 19. Jahrhunderts.

II. Geschichte und Geschichten

1. Alte Adelsgeschlechter

Auf dem Alten Friedhof haben Angehörige des Breisgauischen Adels und der für Freiburg bedeutenden Patrizierfamilien, deren Chronik sich teilweise bis ins Mittelalter zurückverfolgen läßt, ihre letzte Ruhe gefunden.

Zu ihnen gehören die **Kagenecks**, [21] die aus dem Elsaß stammen, wo sie 1266 erstmals in Straßburg erwähnt werden. Schöpflin schrieb 1761 in seiner »Alsatia illustrata«: »Unter den alten Rittergeschlechtern der Stadt Straßburg nehmen auch die Kagenecks ihren Rang ein. Seit fünf Jahrhunderten erscheinen sie unausgesetzt begleitet mit Straßburger Amts- und Gerichtswürden.«[1]

Im 17. Jahrhundert teilte sich die Familie in einen Elsässischen und einen Breisgauischen Zweig. Urahne und Begründer der Breisgauer Linie wurde Johann Friedrich von Kageneck, den Kaiser Leopold I. zum Statthalter der vorderösterreichischen Lande ernannte und wegen seiner Verdienste in den Freiherrenstand erhob. Johann Friedrich ließ 1672 das Schloß in Munzingen erbauen, dessen heutige Gestalt auf Renovierungen des 18. Jahrhunderts zurückgeht und das sich noch immer in Familienbesitz befindet. Ludwig XV. hatte 1744 während der Belagerung Freiburgs im Österreichischen Erbfolgekrieg in dem Landschloß sein Hauptquartier bezogen. Einer der Söhne von Johann Friedrich, der kaiserliche Rat und Landkomtur des Deutschen Ordens der Ballei an der Etsch, Heinrich Freiherr von Kageneck, hatte wesentlich zur Erweiterung des Familienbesitzes beigetragen. Zu ihrem Besitz gehörte unter anderem auch das Haus »Zum Wilden Mann« (Salzstraße Nr. 5), das 1944 von Bomben zerstört wurde. Hier hatte Heinrich von Kagenecks Neffe, Friedrich Fridolin, der von Kaiser Joseph II. in den Reichsgrafenstand erhoben worden war, 1770 Marie Antoinette empfangen. Friedrich Fridolin war Vater von drei Söhnen und sieben Töchtern. Maria Beatrix, die jüngste von ihnen, heiratete Franz Georg Karl Graf zu Metternich. Ihr Sohn war der Staatsmann, Hof- und Staatskanzler Klemens Wenzl Fürst von Metternich, der seit dem Wiener Kongreß (1815) die europäische Politik maßgebend beeinflußte. Als Freiburg im Dezember 1813 Treffpunkt der gegen Napoleon verbündeten Monarchen und Fürsten war – Kaiser Franz I. von Österreich, König Friedrich Wilhelm von Preußen, Zar Alexander I. von Rußland und Großherzog Karl von Baden –, wohnte Fürst Metternich im Geburtshaus seiner Mutter, dem Haus »Zum Wilden Mann«. Seine Tante mütterlicherseits, **Maria Eva Gräfin von Kageneck** (1745–1827), verheiratet mit dem Freiherrn Wilhelm Anton von Reinach-Werth, liegt mit ihrem Mann auf dem Alten Friedhof begraben. Außerdem wurden dort **Karl Ferdinand** (1780–1835), **Franziska** (1799–1861) – Hofdame bei Großherzogin Stephanie von Baden –, **Karl Theodor** (1803–1859) und **Maria Beatrix** (1778–1846) mit ihrem Ehemann Carl Freiherr von Baden beigesetzt.

Carl Freiherr von Baden (1770–1830) [22] war der letzte männliche Nachkomme seines Geschlechts, das zu den ältesten des Breisgaus gehört.

Schon im 12. Jahrhundert kam es zu einer Aufteilung in zwei Linien. Die Ahnherren der einen kamen als Ministeriale der Zähringer nach Badenweiler und nannten sich nach der dortigen Burg. Die Bedeutung der Freiherren von Baden beruht nach Auffassung von Alfred Graf von Kageneck »nicht auf ihrem Grundbesitz mittlerer

Größe, sondern auf der großen Zahl einflußreicher Männer, die als Ordenskomture oder hohe Beamte das Ansehen ihres Hauses mehrten.«[2]

Carl Freiherr von Baden wurde in der Regierungszeit des österreichischen Erzherzogs Ferdinand (15.10.1803–15.4.1806), der von seinem Schwiegervater Hercules III. von Modena den ehemals vorderösterreichischen Breisgau geerbt hatte, Präsident beim Freiburger Landrecht. Nach Entstehung des Großherzogtums Badens ernannte ihn Großherzog Karl Friedrich zum Geheimen Rat, Stadt- und Polizeidirektor und dann zum Landvogt in Freiburg, später, 1812, zum Staatsrat. Nach Einführung der Verfassung war er Vertreter des Adels in der ersten Kammer in den Landtagen 1819 und 1822, zog sich anschließend aber ins Privatleben zurück. Mit seinem Tod im Februar 1830 gingen seine Güter in Liel, Schliengen, Amoltern, Au und Sölden an seine drei Schwestern über – **Maria Anna, vermählte von Rotberg** († 1834), **Elisabeth, vermählte von Türckheim** (1788–1866) (beide auf dem Alten Friedhof begraben) und Amalie, vermählte von Fahnenberg.

Noch heute steht in Liel im Markgräflerland das stattliche Herrenhaus, das auf Veranlassung der Freiherren von Baden im 18. Jahrhundert anstelle eines Wasserschlosses neben der Pfarrkirche erbaut wurde. Im Giebelfeld der Schloßfassade sind die Wappen der Herren von Baden und Rotberg dargestellt. Auch die Grabkapelle der Herren von Baden ist erhalten. Sie liegt an der Seite des Chorturms der Pfarrkirche von Liel.

Unter einem kleinen Grabstein mit einem gußeisernen Kreuz ruht direkt neben dem Krebsschen Familiengrab **Xaver Schnewlin Freiherr zu Bollschweil** († 1837) [23], der letzte aus dem einst mächtigsten Geschlecht der Stadt, der Patrizierfamilie Snewlin. Schon sehr früh erwähnten bedeutende Geschichtsschreiber in ihren Werken die Snewlin, so Sebastian Münster in seiner berühmten »Cosmographey«[3] und Fürstabt Martin Gerbert von St. Blasien in seiner »Historia nigrae Silvae«.[4] Man vermutet, daß sie Nachkommen staufischer Ministerialen waren, Bürger von Freiburg wurden, und daß verwandtschaftliche Beziehungen zwischen den Freiburger Snewlins und ihren Namensvettern im Elsaß bestanden. Der im Jahr 1215 als erster der Snewlinschen Sippe im Breisgau bezeugte Konrad wurde 1220 Schultheiß von Freiburg. Er stand als solcher an der Spitze der städtischen Verwaltung und war mit der Wahrnehmung der Gerichtsbarkeit beauftragt.

Die Snewlins brachten es rasch zu großem Vermögen und damit verbunden zu Macht. Hermann Nehlsen schreibt in seinen sozialgeschichtlichen Studien über die Freiburger Familie Snewlin: »Der Bischof von Straßburg, die Abtei Murbach, die Klöster Wettingen, St. Peter und Berau, die Deutschherren, die Grafen von Freiburg, die Herren von Staufen ... sie alle müssen für das von ihnen immer dringender benötigte Bargeld an die Snewlin Liegenschaften und Rechte verkaufen oder verpfänden ... An den Erwerbungen der Snewlin wird deutlich, wie die feudalen Grundherren des 10., 11. und 12. Jahrhunderts von Bürgern verdrängt werden, deren Reichtum im wesentlichen zunächst in Geld besteht, das ihnen aber sehr bald Herrschaftsrechte und die aus diesen fließende Macht verschafft.«[5] Aufgrund ihres Reichtums und der damit verbundenen Macht war es den Snewlins dann wiederum möglich, in bedeutende Breisgauische Geschlechter einzuheiraten. So vermählte sich im Jahr 1291 Konrad Snewlin mit einer Frau aus der Familie von Falkenstein, die zu den wichtigsten Ministerialengeschlechtern des Breisgaus zählen. Laut Ehevertrag wies Konrad Snewlin seiner Gemahlin als »Widemgut« einen großen Häuserkomplex in der Salzstraße zu. Im 13. Jahrhundert erwarben die Mitglieder der weitverzweigten Familie Snewlin große breisgauische Höfe in Kirchhofen, Umkirch, Bischoffingen, Schliengen, Bollschweil und einen Anteil am Fronhof zu Herdern, im 14. Jahrhundert einen großen Teil der wichtigen Burgen und Schlösser des Breisgaus, wie die Landeck, Wiesneck, Burg Birchiberg bei St. Ulrich, Wiger bei Emmendingen und vor allem die Burg Zähringen. Im Jahre 1327 hatte Snewli Bernlapp, eine der großen Persönlichkeiten der Snewlin, der nach Ansicht Nehlsens »der Prototyp eines mächtigen Patriziers in der Blütezeit Freiburgs«[6] ist, von den Grafen Konrad und

Friedrich von Freiburg Burg und Dorf Zähringen und das Dorf Gundelfingen gekauft, das Gerichtssitz war und damit für Snewli Bernlapp eine wertvolle Einnahmequelle bedeutete. Als Herr von Zähringen war Snewli Bernlapp in Gundelfingen Gerichtsherr, wie vor ihm die Grafen von Freiburg. Er war außerdem fast dreißig Jahre Schultheiß in Freiburg und hatte ein festes Haus in Bollschweil. Sein Bruder, Johann Snewlin der Gresser, Ritter und langjähriger Bürgermeister von Freiburg, ist den Freiburgern in guter Erinnerung wegen der in seinem Testament von 1347 verfügten großzügigen Stiftungen für die Ausstattung des Münsters. Er hatte unter anderem den Erlös vom Verkauf seines besten Rosses und seines wertvollsten Harnischs zur Verglasung der Obergadenfenster im Münster bestimmt. Zur Begehung seiner »Jahrzeit« sollten die Barfüßer, die Prediger, die Augustiner, die Wilhelmiten in Oberried, die Deutschherren, die Johanniter, die Reuerinnen, das Spital, das Gutleuthaus, das Münster, die Kapelle St. Nikolaus, die Klöster Allerheiligen, Tennenbach, St. Klara, St. Agnes, St. Katharina, Adelhausen, Günterstal, Sölden, St. Peter im Walde und Oberried im Walde, die Kirchen zu Eschbach, Tunsel, Schlatt, Wittnau und Bollschweil, die sieben Regelhäuser der Barfüßer und Prediger und die Klausen um Freiburg jährliche Geldbeträge erhalten. Durch besonders reiche Geldzuwendungen machte er die Ansiedlung der Kartäuser in Freiburg möglich. Dafür wurden nach seinem Tod in sämtlichen Häusern des Ordens Messen für ihn gelesen.

»Das Testament des Gressers ist ein eindrucksvolles Dokument für die ritterliche Lebensführung eines mittelalterlichen Patriziers. Seine wertvollen Streitrosse, die kostbaren Rüstungen, die Armbruste und Spieße, die edlen Jagdfalken und Jagdhunde, über die er verfügt, lassen kaum noch erkennen, daß hier ein Mann testierte, der nicht dem Landadel angehörte, sondern noch in jeder Hinsicht ein loyaler Bürger seiner Vaterstadt war.«(7)

Die Quellen des Snewlinschen Reichtums lagen in Geldgeschäften, in Beteiligung am Bergbau und in Einnahmen, die die Snewlin als Schultheißen und Ratsherren hatten. Außerdem kann nach Ansicht Hermann Nehlsens davon ausgegangen werden, daß der Stammvater der Freiburger Snewlin als Sohn staufischer Ministerialen nicht völlig vermögenslos nach Freiburg gekommen war. Um eine Vorstellung zu geben, wieviel gerade an Geldgeschäften verdient werden konnte, bringt Nehlsen eine kleine Gegenüberstellung: »1359 erhielt der berühmte Münsterbaumeister Johannes von Gmünd eine jährliche Rente von insgesamt 14 Pfund Pfennig, also etwa 5 Silbermark, während Johann Snewlin der Gresser im Jahre 1347 allein über 120 Silbermark an Zinsen einnahm.«(8)

Im 15. Jahrhundert teilten sich die Nachfahren des Snewli Bernlapp in die Zweige Bernlapp von Bollschweil und Bernlapp von Zähringen. Die Burg Zähringen und die dazugehörigen Besitzungen gingen im 15. und 16. Jahrhundert nach und nach in andere Hände über, die Herrschaft Bollschweil blieb jedoch bis ins 19. Jahrhundert, bis zum Aussterben des Geschlechts im Besitz der Snewlin Bernlapp von Bollschweil. Der auf dem Alten Friedhof begrabene Xaver Schnewlin von Bollschweil hatte schon zu seinen Lebzeiten alle seine Lehen an den badischen Staat zurückgegeben.

Die Snewlin waren auf Grund ihes Reichtums und der damit verbundenen Machtposition durch die Jahrhunderte immer mit den Geschicken der Stadt besonders eng verbunden. Ihr Name ist den Freiburgern heute noch im Gedächtnis durch die von Familienmitgliedern gestiftete Kapelle im Chorumgang des Münsters und eine nach dem Geschlecht benannte Straße. Das schlichte Grab des letzten Schnewlin ist ein Symbol für die geschwundene Macht der Snewlin.

Nachfolger der Schnewlins auf dem Schloß zu Bollschweil wurden die Freiherren von Berstett. Aus ihrer Familie fand **August Freiherr von Berstett** (1773–1869) [24] auf dem Alten Friedhof seine letzte Ruhe. Sein Grabmal aus rotem Sandstein schuf der Künstler Alois Knittel. Es zeigt unter dem mit Orden geschmückten Familienwappen die Inschrift, darunter in einer Nische ein breites Relief mit kriegerischen Attributen, wie man sie auf Adelsgräbern häufig findet.

Die Freiherren von Berstett, deren am Kochersberg (Elsaß) gelegene Burg und Herrschaft Berstett schon im Jahre 884 in einer Urkunde Kaiser Karls des Dicken erwähnt wurde, waren wie die Kagenecks ein altes elsässisches Geschlecht. Ihre ununterbrochene Stammfolge beginnt um 1120 mit Wido von Berstett. Neben anderen elsässischen Adligen wurden sie später Bürger von Straßburg und sind wiederholt als Stettmeister der Stadt erwähnt. Der Stettmeister in Straßburg wurde vom Adel gewählt und war satzungsgemäß dem Ammeister, dem Vertreter der Handwerkerzünfte, übergeordnet. Die Freiherren von Berstett hatten nicht nur Eigenbesitz, sondern waren auch Lehensträger des Bischofs von Straßburg, der Grafen von Hanau-Lichtenberg, der Grafen von Rappoltstein, der Pfalzgrafen bei Rhein und der Propstei Alt-St. Peter in Straßburg und gehörten außerdem zur Reichsunmittelbaren Ritterschaft der Ortenau, deren letzter Präsident der Freiherr Philipp Jakob Reinhard von Berstett war.(9) Er war auch der letzte Stettmeister von Straßburg, verließ bei Ausbruch der Revolution mit seiner Familie die Heimat und trat in den Dienst des in Zweibrücken residierenden Herzogs Karl II. von Pfalz-Zweibrücken.(10)

Seine drei Kinder waren noch im Elsaß auf Schloß Gerstheim bei Erstein zur Welt gekommen. Der älteste Sohn Wilhelm Ludwig Leopold Reinhard von Berstett wurde später Staatsminister des Großherzogs Ludwig von Baden und begleitete diesen auf den Wiener Kongreß. Für seine Verdienste erhielt er vom Großherzog Bollschweil als Lehen. Seine Urenkelin ist die Dichterin Marie Luise Kaschnitz, die mit ihrem Prosawerk »Beschreibung eines Dorfes« Bollschweil ein Denkmal setzte.

August Freiherr von Berstett, das dritte Kind des aus dem Elsaß emigrierten Philipp Jakob Reinhard von Berstett, schlug eine militärische Laufbahn ein und schied 1822 im 50. Lebensjahr, als Major mit Auszeichnungen hoch geehrt, aus dem Militärdienst aus (St. Ludwig-Militär-Verdienstorden und das Ritterkreuz des badischen Ordens vom Zähringer Löwen). Bald darauf heiratete er und wohnte seit 1839 mit seiner Familie in Freiburg, wo er sich ein Haus am heutigen Karlsplatz kaufte, das nach seinem Tod von der Gräfin Marie von Colombi erworben wurde. Mit dem Tod seines Sohnes Otto starb die männliche Linie der Freiherren von Berstett aus. Großherzog Friedrich I. erhob daraufhin 1898 seinen Oberstallmeister Adolf von Holzing, der Amalie, die Tochter des Staatsministers geheiratet hatte, unter dem Namen von Holzing-Berstett in den erblichen Freiherrenstand. Die Nachkommen dieser Linie sind heute noch im Besitz des Schlößchens Bollschweil. August von Berstett hatte nach seiner Pensionierung begonnen, sich eingehend mit dem Münzwesen zu beschäftigen, verfaßte grundlegende Werke über dieses Thema und ist heute noch ein Begriff für alle, die sich mit dem Münzwesen Mitteleuropas befassen.

In einer Nische im Inneren der Michaelskapelle auf dem Alten Friedhof steht ein mit Familienwappen geschmückter Prunkgrabstein aus grauem Marmor. Er trägt die Inschrift:

»**ALEXANDER CARL FREYHERR VON STÜRZEL** / DES HOHEN DEUTSCHEN ORDENS / RITTER RATHS GEBIETHIGER / DER BALLEY ELSASS UND / BURGUND COMTHUR ZU / FREIBURG HERR ZU BUCHHEIM / HOCHDORF BENZHAUSEN / WILERSPACH MITHERR ZU / HUGSTETTEN / GEBOHREN DEN XIIITEN / FEB. MDCCXXII / STARB DEN XXVIITEN OCTBR. / MDCCLXXXX / MIT IHM ERLOSCH SEIN ALT ADELICHES GESCHLECHT / WEINEND SETZT IHREM OHEIM WOHLTHAETER UND FREUNDE DIESES DENKMAL SEINE NICHTE M. CATHARINA FREYFRAU VON SCHACKMIN ...«[25]

Er ist der Letzte dieser einst für Freiburg so bedeutenden Familie. Welcher Freiburger kennt nicht den berühmtesten Vertreter des Geschlechts: Konrad Stürzel von Buchheim, Doktor des kanonischen Rechts, Kanzler Kaiser Maximilians I., Erbschenk der Landgrafschaft Elsaß. An ihn erinnern heute noch im Münster die von ihm gestiftete Stürzelkapelle und der Dreikönigsaltar, der früher in der Kapelle seines Hauses, des späteren

»Basler Hofs« (heute Sitz des Regierungspräsidiums Freiburg) stand.

Konrad Stürzel aus Kitzingen in Franken hatte in Heidelberg studiert und war anschließend als einer der ersten Lehrer an die neugegründete Universität Freiburg gekommen, wo er so berühmte Schüler wie Johann Geiler von Kaisersberg und Jakob Wimpheling unterrichtete. Später wandte er sich jedoch in erster Linie der Politik zu, wurde zunächst Kanzler der vorderösterreichischen Regierung, dann Hofkanzler Kaiser Maximilians I., der ihn in den Adelsstand erhob. Nach seinem Schloß Buchheim in der March nannte er sich seither »Konrad Stürzel von Buchen«. Das einzige erhaltene Porträt des Kanzlers findet sich in einem von Hans Baldung Grien entworfenen Fenster der Stürzelkapelle. Dort ist er als Stifterfigur mit seiner Familie, vor der Muttergottes kniend dargestellt.

Seine Nachkommen spielten in der Geschichte des Landes auch weiterhin eine Rolle, bis mit dem Tod von Alexander Carl von Stürzel das Geschlecht erlosch.

Die auf dem Grabstein erwähnte Familie von Schackmin erhielt die Lehen der Stürzel in Hugstetten.[11]

Vor dem Familiengrab der **Freiherren von Gleichenstein** [26] wird dem Weinkenner das gleichnamige Weingut in Oberrotweil am Kaiserstuhl in den Sinn kommen, das seit 1634, also über 350 Jahre, in Familienbesitz ist. Erste herausragende Persönlichkeit in der Geschichte der Familie war **Johann Conrad** (1690–1769), der auf Grund seiner Verdienste 1764 mit dem Namen Gleichauf von Gleichenstein geadelt wurde. Er hatte die Verwaltung seines Gutes unter sich und war zugleich vorderösterreichischer Commerzien- und Polizeirath und Deputierter der Landstände in Wien und Stuttgart. Sein Enkel Ignaz, zwischen 1811 und 1828 Eigentümer und Verwalter des Rotweiler Hofguts, war während seiner Ausbildung in Wien einer der engsten Freunde Beethovens geworden. Einige erhalten gebliebene Briefe, die sich noch bis zum Jahre 1865 im Besitz seiner späteren Frau Anna befanden, geben ein anschauliches Bild dieser Freundschaft. So schrieb Beethoven 1809 nach Freiburg an seinen Freund: »... Nun kannst Du mir helfen eine Frau suchen; wenn Du dort in Freiburg eine schöne findest, die vielleicht meinen Harmonien einen Seufzer schenkt, ..., so knüpf im voraus an ... Schön muß sie aber sein, nichts nicht Schönes kann ich nicht lieben ... sonst müßte ich mich selbst lieben.«[12] Nachdem dieses Unterfangen ergebnislos verlaufen war, machte Beethoven Therese von Malfatti, mit deren Schwester **Anna** (1792–1869) Ignaz von Gleichenstein verlobt war, einen Heiratsantrag. Das vierzehn Jahre junge Mädchen konnte sich jedoch nicht für den um 24 Jahre älteren, fast

Grabstätte der Familie von Gleichenstein.

tauben Beethoven erwärmen, was wiederum die Freundschaft der beiden Männer belastete. Trotzdem widmete Beethoven seinem Freund die im April 1809 erschienene Sonate für Klavier und Violoncello in A-Dur (Opus 69) mit den Worten »Inter lacrymas et luctum« (unter Tränen und Trauer) und schrieb ihm kurz darauf: »Du lebst auf stiller ruhiger See oder schon im sicheren Hafen. Des Freundes Not, der sich im Sturm befindet, fühlst Du nicht ... Mein Stolz ist so gebeugt.«(13) In den folgenden Jahren brach der Kontakt zwischen den Freunden ab, doch in Gedanken blieb Ignaz Beethoven verbunden; er ließ 1815 ein Porträt des genialen Freundes anfertigen, das sich noch immer in Familienbesitz befindet. Als Ignaz anläßlich einer Reise nach Wien 1827 den inzwischen völlig tauben Beethoven an seinem Sterbebett besuchte, lebte die alte Freundschaft noch einmal auf.

Bei einer der letzten Beerdigungen auf dem Alten Friedhof wurde am 3. Oktober 1872 **Luise von Drais** (1788–1872) [27] zu Grabe getragen, wenige Monate nach ihrer Schwester **Karoline** (1789–1872). Ihr Bruder Karl Friedrich Drais von Sauerbronn war der berühmte Erfinder des Zweirades, aus dem sich das für uns heute so wichtige Fahrrad entwickelte. Er wurde 1785 in Karlsruhe geboren, wo er 1851 auch starb. Seine Vorfahren, die Freiherren Drais von Sauerbronn, gehörten zum lothringischen Uradel. Sie waren zunächst in markgräflich-brandenburgischen, später in Großherzoglich badischen Diensten tätig. Der Vater von Karl Friedrich, der spätere Präsident des Oberhofgerichts Bruchsal, Karl Wilhelm Freiherr von Drais, spielt gerade in der Freiburger Geschichte eine bedeutende Rolle. Er war der Bevollmächtigte des badischen Hofes bei der Übergabe des Breisgaus – und damit auch der Stadt Freiburg – an das Haus Baden am 15. April 1806. Im Kapitel über den Alten Friedhof als Spiegel der Geschichte werden die Ereignisse von 1806 und die Zusammenhänge um das Ende der Habsburgischen Herrschaft über den Breisgau genauer erläutert.

In die Zeit, die Freiherr von Drais als Regierungskommissar in Freiburg verbrachte, um die politischen Verhältnisse im Sinne des badischen Hofes neu zu ordnen, fällt die Gründung der Museumsgesellschaft, deren Präsident er wurde. Zweck dieser »Lesegesellschaft«, wie sie auch genannt wurde, war, »für eine ansehnliche Personenzahl die Quelle edler Erholung von den Alltagsgeschäften, innerer Weiterentwicklung und anregenden Meinungsaustausches zu bilden.«(14)

Mit viel Begeisterung wurden durch einen Kreis der damaligen Freiburger Honoratioren (Karl von Rotteck, Johann Georg Jacobi, Alexander Ecker, Leonhard Hug) einzelne Aufgaben der Gesellschaft festgelegt, die wesentlich zur Bereicherung des gesellschaftlichen Lebens in Freiburg beitrug. In seiner Eröffnungsrede wurde sie durch von Drais in beredten Worten vorgestellt: »Ein edles Bedürfniß des Geistes – eine Lesegesellschaft – war längst der Wunsch vieler Gebildeter in Freyburg ... Wenn wir nun zu der schönen und fruchtbaren Natur dieses Landes noch städtische Freuden der Geselligkeit hinzutun – ist es Leichtsinn und Unglück? Nein! es ist vernünftiger Genuß unsers Glückes!«(15) Die neue Einrichtung fand schnell große Resonanz in Freiburg. Ihre Mitgliederliste umfaßt alle, die damals Rang und Namen in der Stadt hatten. So wurde zusätzlich ein »Kasino« errichtet, in dem wöchentliche »Gesellschaftstage« stattfanden: »Der nächste solche Gesellschaftstag wird – bey Spiel, auch weiblicher Arbeit – Bekanntschaften gründen.Im zweyten wird, wenn Dilettanten sich dazu gütig anbieten wollen, ein kleines Konzert, im dritten einige physikalische Experimente – den Wechsel machen und im vierten soll, mit Verlängerung der Zeit bis 11 Uhr, ein kleiner Ball (Thé dansant) angeordnet werden. Von verwittweten Damen und deren Familie, die keinen Abonnenten ihres Hauses zum Einführer haben, bittet man sich jeweils die Ehre ihres Besuches aus. Freyburg den 5ten Nov. 1807.«(16) Die Museumsgesellschaft hatte später ein eigenes Haus, das 1823 anstelle des ehemaligen Heiliggeistspitals am Münsterplatz errichtet wurde.

Anfang des Jahres 1808 wurde Freiherr von Drais als Oberhofrichter nach Bruchsal versetzt und mußte daher auch die Mitgliedschaft in seiner geliebten Museumsgesellschaft aufgeben.

Sein Sohn Karl, der nach dem Forststudium vorübergehend in Freiburg arbeitete, bevor er als Forstmeister nach Gengenbach ging, war in seiner Freiburger Zeit ebenfalls Mitglied der Gesellschaft. Aber schon mit 25 Jahren schlug er andere Wege ein, schied aus dem Forstdienst aus und wurde »Professor der Mechanik«. Leider hatte er mit der Erfindung seiner »Draisine« kein Glück. Die Zeitgenossen erkannten ihren Wert nicht. In einem Gutachten gaben der bekannte Architekt und Oberbaudirektor Friedrich Weinbrenner und der Major Johann Gottfried Tulla ein vernichtendes Urteil ab: »Wir können ... der von Draisschen Fahrmaschine gar keinen wesentlichen Zweck beilegen, weil jedermann, der Füße hat, derselbe für seine Ortsveränderung weit besser auf eine natürliche Art gebrauchen kann, und wir glauben, daß eine solche Maschine auch nur alsdann von einigem Nutzen für das menschliche Geschlecht werden könnte, wenn sie für destruierte oder solche Personen, welche keine Füße haben, eingerichtet würde, alsdann müßten sie aber mit den Händen in Bewegung gesetzt werden können, damit ihnen diese Maschine die ihnen mangelnde Bewegungskraft ersetze.«(17)

2. Bürgerfamilien

Auf vielen Grabsteinen liest man Namen alter Freiburger Familien, die teilweise auch heute noch wohlbekannt sind, und deren Vorfahren sich einst als Bürger in der Stadt niedergelassen hatten.

Eine von ihnen ist die **Familie Glockner**.[28] Andreas Glockner war bereits 1554 von Horben nach Freiburg gekommen, wo er sich als Ölmüller niederließ. Die Chronik der Glockner weist wohl eine der ältesten lückenlosen Stammtafeln eines seit dem 16. Jahrhundert ununterbrochen in Freiburg ansässigen Geschlechtes auf. Bemerkenswert ist, daß es sich dabei um die Geschichte einer »einfachen« bürgerlichen Familie handelt und nicht etwa um die eines angesehenen Patriziergeschlechtes. Einige der Glockner verkamen in Armut, andere wiederum haben es zu Ansehen und Wohlstand gebracht. Die Chronik über den Werdegang dieser über vier Jahrhunderte in Freiburg lebenden Familie gibt gleichzeitig ein geschichtlich interessantes und anschauliches Bild vom Leben in der Stadt, der Entwicklung der heimischen Industrie und des verzweifelten Ringens eines einst blühenden Freiburger Gewerbes gegen den Wettbewerb des Auslands. Der Chronist schrieb in seiner Einleitung so anschaulich: »Man hört das Klappernde Mühlrad an der Dreisam ... Man sieht die hochernsten Gesichter des Malefizgerichts, das sich in der Vorhalle des Münsters versammelte, man hört das Armesünderglöcklein wimmern, das die Herrenmüllerin, die Hexe, auf ihrem letzten Gang zum Richtblock begleitet.«(1)

Eine Vorfahrin der Familie Glockner fand nämlich auf tragische Weise den Tod. Sie starb im Jahre 1603 als Hexe. Den alten Unterlagen läßt sich entnehmen, daß sie, an Leib und Seele gebrochen, nur noch zu sterben begehrte, nachdem sie »alles gestanden« hatte. Nach dem im Freiburger Vergichtbuch (Vergicht = Bekenntnis) verzeichneten ausführlichen Geständnis hatte sie »sich Gottes und seiner Heiligen verleugnet, dem bösen Feind ergeben und etliche böse Stück begangen.«(2)

Insgesamt waren es 28 Anklagepunkte. So hatte sie im Bohrerwald »in einem haefelin ein Wetter kocht, davon es gedondert und kitzelbohnet habe, der Meinung die Träubel an den Reben zu verderben.«(3) Unter anderem »gestand« die Herrenmüllerin auch, ihren Mann, den man tot im Mühlegraben gefunden hatte, umgebracht zu haben und »uff ihres Buhlen Stecken« auf dem er schwarze Salbe verstrichen, bei Wetterleuchten in des Teufels Namen zur Haustür hinausgefahren zu sein zum Pfaffenkreuz auf dem Bromberg, »wo etliche fremde stattliche Weiber mit ihren Schelmen, so all Geißfüß gehabt, am Tisch gesessen ...«(4)

»Andres Flader als Statthalter Junker Ulrich Stürzels von Buchheim des Schultheißen saß mit den 24 zu Gericht, und wurden altem Gebrauch nach durch den Gerichtsschreiber die drei unterschiedlichen Vergichten (Geständnisse) verlesen, durch die heimlichen Räte (öffentliche Ankläger) samtlich uf (gegen) Katharina die Herrenmüllerin, ... als Hexen geklagt und dieselbigen vor den 24 ... um ihre begangne Missetat und getriebne Hexerei erstlich außer Gnade bei dem Hochgericht enthauptet, demnach die Körper daselbst mit dem Feuer zu Aeschen verbrannt werden sollen.«(5)

So geschah es. Am 25. Oktober 1603 holte man die Herrenmüllerin und zwei weitere Hexen, die sie auf der Folter angezeigt hatte, im Christoffelsturm (beim heutigen Siegesdenkmal) ab. »Voraus ritten die drei Häupter der Stadt – Bürgermeister, Schultheiß und Obristmeister – und drei Mann von jeder Zunft umschlossen die auf dem Armensünderkarren sitzenden Weiber, um sie mit iren Lanzen ... vor feindlichem Angriff zu schützen.«(6) Der traurige Zug ging hinaus zum Hochgericht, das sich dort befand, wo heute die Straße nach Haslach von der Baslerstraße abbiegt. Die Protokolle schließen mit den Worten: »Gott gnad den armen Seelen«.

Drei Generationen der Glockner waren Ölmüller, dann wandten sie sich um 1600 dem für Freiburg so wichtigen Gewerbe der Granatbohrer und -schleifer zu, in dem sie bis zu dessen Niedergang vier Generationen hindurch arbeiteten. Um die zweite Hälfte des 15. Jahrhunderts begann in Freiburg der Aufstieg des Gewerbes der »Edelsteinschleiferei und -bohrerei«, dessen Anfänge schon im 14. Jahrhundert liegen und das zum bedeutendsten Exportgewerbe der Stadt wurde. Im Jahre 1451 schlossen sich die Bohrer und Balierer Freiburgs zu einer eigenen Bruderschaft zusammen, die ihre Zusammenkünfte in der St. Andreaskapelle (der heilige Andreas war ihr Schutzpatron) auf der Nordseite des Münsterplatzes hatte. Sie gehörten zu den angesehensten Bürgern der Stadt, bildeten aber keine eigene Zunft, sondern verteilten sich auf die 12 in Freiburg vorhandenen Zünfte. Es wird vermutet, daß die Zunftverfassung be-

Der 14jährige spätere Kaiser bei der Besichtigung einer Schleifmühle – Holzschnitt, vermutlich von Hans Schäufelein aus dem Theuerdank, 1517.

reits abgeschlossen war, als sich das Gewerbe entwickelt hatte.(7) Die Ordnung der Bruderschaft war ähnlich der einer Zunft organisiert, so beinhaltete sie beispielsweise Abwehrmaßnahmen gegen Konkurrenz und Einrichtung eines kollektiven Rohstoffeinkaufs. 1544 wurde eine neue Ordnung beschlossen. Danach bildeten die Freiburger und die inzwischen hinzugekommenen Waldkircher eine gemeinsame Bruderschaft, allerdings mit getrennter Rechnungsführung. Anfänglich wurden die Rohstoffe aus der Nähe geholt. Man verarbeitete Calcedon, Jaspis, Karneol, Achat und Blutstein aus den

Gebieten Markgräflerland, Todtnau, mittlerer Schwarzwald und Hotzenwald. So wurden z.B. Erzherzog Sigmund aus Tirol 1474 sechsundzwanzig Herzen aus Jaspis, Blutstein und Calcedon geliefert.[8] Bald aber erfolgte der Rohstoffbezug aus größerer Entfernung – Bergkristall aus der Schweiz und böhmische Granaten.

Am 15.7.1601 erhielt die Bruderschaft der Bohrer und Balierer durch Kaiser Rudolf II. das Privileg, daß böhmische Granaten nur nach Freiburg oder Waldkirch verkauft werden durften.«[9] Böhmische Granaten wurden also bemerkenswerterweise nicht zuerst in Böhmen, sondern in Freiburg und Waldkirch geschliffen. Der badische Bergrat Friedrich August Walchner beschrieb dieses Phänomen 1862 so: »Es ist immerhin eine ungewöhnliche Erscheinung, daß der Schwarzwälder seine Granatindustrie auf den Bezug der Granaten aus Böhmen und zu einer Zeit gründete ..., in welcher der Böhme selbst noch gar nicht an die Bearbeitung seines heimathlichen Schmucksteines dachte und daß dieser in einer späteren Zeit erst durch eingewanderte Schwarzwälder diese Arbeit kennen lernte«.[10] Die Edelsteinschleiferei im Breisgau wurde vor allem durch eben diesen Granatschmuck bekannt.« Die mittelalterlichen Schleifmühlen von Freiburg galten als Sehenswürdigkeit.«[11] Kaiser Friedrich III. besuchte 1473 die Stadt und besichtigte während des Aufenthaltes in Freiburg mit seinem Sohn, dem späteren Kaiser Maximilian I., eine Steinschleiferei.

Der jugendliche Maximilian wäre damals beinahe schwer verunglückt, da er mit seinem Schnabelschuh unter ein Schleifrad gekommen war, und man ihn erst in letzter Minute wegreißen konnte. Diese Begebenheit ist im »Theuerdank«, festgehalten, dem berühmten allegorischen Gedicht, in dem der Ritter Theuerdank, mit dem Maximilian gemeint war, zahlreiche Abenteuer mit Glück und Mut besteht.

Überall verbreitete sich die Kunde von den kunstvollen Arbeiten der Bohrer, Balierer und Hohlwerker (Schleifer von Kelchen, Leuchtern usw. aus Bergkristall) aus Freiburg und Waldkirch. Die Händler zogen mit den in Freiburg entstandenen Waren: Schmuck, Ziergegenstände, Rosenkränze und Prunkgeschirre auf die Messen und Märkte nach Frankfurt, Nürnberg, Amsterdam, Wien, Paris, Rouen, Genua, Rom und Neapel. Die Zahl der Meister, Gesellen und Knechte betrug um 1600 in Freiburg und Waldkirch etwa 1 700. Alljährlich schickte die Bruderschaft einen Einkäufer nach Böhmen. Die eingekauften Steine wurden zentnerweise im »Kaufhaus« gestapelt. Jeder Meister bezog von hier seinen Bedarf.

Im Jahre 1761 war Ignaz Glockner mit dem Amt des Einkäufers betraut worden. Er brachte es zu großen Ehren, saß im Vierundzwanziger-Rat, war Ratsherr und wurde beim Besuch der Erzherzogin Marie Antoinette 1770 zum »Obsorger« der Bürgerwacht bestellt. Die Prinzessin erhielt damals von den Freiburgern als Ehrengeschenk tausend Granaten, die auf goldene Schnüre gefaßt waren und in einem Futteral aus goldbesticktem Samt überreicht wurden.

Edelsteinschleiferei und -bohrerei waren zwei streng getrennte Arbeitsbereiche des Gewerbes. Die Glockner werden in den alten Urkunden bis auf wenige Ausnahmen als Bohrer aufgeführt. Der 1692 verstorbene Nikolaus Glockner besaß jedoch nachweislich auch eine Polierschleife. Errichtung und Betrieb der Schleifmühlen erforderten einen erheblichen Kapitaleinsatz. So befanden sich Schleifmühlen zum Teil im gemeinsamen Besitz mehrerer Meister oder es gab auch Meister, die gegen Lohn arbeiteten. Die Werkstätten lagen vor der Stadt, an der heutigen Kartäuserstraße und im Grün, wo die von der Runzgenossenschaft beaufsichtigten Bäche die zum Betrieb der Schleifsteine notwendige Wasserkraft lieferten. 1652 hieß daher der Gewerbebach »Pallierbach«.[12]

In der zweiten Hälfte des 18. Jahrhunderts konnte sich das einst blühende Gewerbe nicht mehr halten. Gründe hierfür waren die ständigen Zerstörungen der Werkstätten bei den Belagerungen der Stadt und durch den Bau der Vaubanschen Festungsanlage, vor allem aber der Konkurrenzdruck von außen durch böhmische Granatschleifer, die – Ironie des Schicksals – von aus Freiburg und Waldkirch nach Böhmen ausgewanderten Bohrern und Balierern stammten. Hinzu kam die Zunahme der Verarbeitung von Granatimitationen und der Wandel des modischen Geschmacks. Die Arbeitslosigkeit und Verarmung im einst führenden Exportgewerbe der Stadt war groß. Die Armenordnung von 1781 beschäftigte sich eingehend mit den verarmten Granatschleifern und -bohrern. Unter dem Bruderschaftsmeister Johannes Glockner wurde kein Meister mehr in die Bruderschaft aufgenommen. Es kam sogar zum Heiratsverbot von Granatbohrern, um damit die Konkurrenz neuhinzukommender Bruderschaftsmitglieder auszuschließen. Das Gewerbe verschwand aus der Stadt. Heute erinnern die »Granatgasse« und einzelne Häusernamen, z.B. »Haus zum grünen Jaspis« in der Turmstraße und »Haus zum hinteren roten Schleifstein« – heute »Kleiner Meyerhof« – an die Edelsteinschleiferei. Dennoch existieren auch heute noch zwei Firmen in Freiburg und Waldkirch, die Edelsteinschleifereien Gebrüder Trenkle und August Wintermantel.

Der Enkel des erwähnten Johannes Glockner, der 1769 geborene Franz Anton Martin, wurde angesichts dieser Schwierigkeiten Hutmacher und errichtete 1793 im »Haus zum Drachen« (heute Kaiser-Joseph-Straße 118) sein Geschäft, das sein Sohn Franz Anton übernahm. Damals wurden die schwarzgefärbten Hutfilze im Bach an der Löwengasse geschwenkt, und manches Mal mußte ein Lehrbub einem davonschwimmenden Hut nachjagen. In der nächsten Generation wurde unter Hermann Anton der Betrieb erweitert. Er erwarb die Fernbachsche Weberei in der Friedrichstraße und errichtete dort eine Hutfabrik. Die Geschäftsverbindungen erstreckten sich bis Norwegen. Aber wieder erlebten die Glockners den Niedergang eines Gewerbes und konnten ihre wirtschaftliche Existenz nur dadurch retten, daß sie den Wandel rechtzeitig erkannten und den einst ertragreichen Beruf aufgaben. Der 1858 geborene Sohn Hermann schloß die elterliche Hutfabrik und widmete seine ganze Arbeitskraft dem neugegründeten Ladengeschäft, das er in seinem neuen Haus »Zum Goldenen Eck«, dort wo auch heute noch das Sporthaus Glockner steht, einrichtete.

Der auf dem Alten Friedhof zur letzten Ruhe gebettete **Franz Josef Wilhelm Pyhrr** (1742–1814) [29] und seine Frau **Maria Rosa, geb. Busch,** (1762–1814) vertreten ein Freiburger Geschlecht, das sich ebenfalls bis ins Mittelalter zurückverfolgen läßt, und dessen Nachkommen mit dem Kaufmann Michael Pyhrr und dem Inhaber der »Burse«, Walter Pyhrr, auch im heutigen Geschäftsleben der Stadt eine Rolle spielen. Die ältesten Urkunden der Familie stammen aus dem Jahre 1225. In diesen ist Ulricus de Pyrh in Wien erwähnt. Die Pyhrrs verschlug es über Oberösterreich und Rheinfelden schließlich an den Oberrhein. 1617 wird der Stammvater der Freiburger Familie, Hartmann Pyhrr erwähnt.(13) Durch seine Ehe mit Maria Anna Roggenbach hatte er in eine alte ortsansässige Familie eingeheiratet. Seit 1622 gehörte er zu den zwölf lebenslänglich gewählten Ratsherren des beständigen Freiburger Rats. 1636 wurde er Obristmeister der Stadt, um dann abwechselnd je ein Jahr das Amt des Stadtschultheißen, des Statthalters, des Bürgermeisters und wiederum des Obristmeisters zu bekleiden. Der Bürgermeister war für die städtische Verwaltung zuständig, der Stadtschultheiß für die Gerichtsbarkeit und der Obristmeister als oberster Zunftmeister aller Zünfte für die Verteidigung der Stadt und die städtische Polizei. Außerdem hatte er die Schlüssel sämtlicher Stadttore in Verwahrung. Wie die Familienchronik berichtet, setzte Hartmann Pyhrr bis zu seinem Lebensende 1644 seine ganze Kraft für die Sorge und das Wohl seiner Vaterstadt ein. Damals, am Ende des Dreißigjährigen Krieges, hatte Freiburg besonders schwere Zeiten durchzumachen. Der Chronist erwähnt weiter, daß bis Mitte des 17. Jahrhunderts alle Nachkommen des Hartmann Pyhrr im Militär- oder Beamtendienst tätig waren.

Eine Ausnahme jedoch ist der oben erwähnte Franz Josef Wilhelm Pyhrr: Er war Wirt des Gasthauses »Zum Engel« in Waldkirch , sowie der gleichnamigen Wirtschaft in Freiburg und des Kaffeehauses »Zum Kopf«. Das berühmte ehemalige »Speise- und Kaffeehaus zum Kopf« in der Engelstraße war 1770 unter dem Namen »Café Dauphin« zu Ehren des künftigen Gemahls der

Erzherzogin Marie Antoinette eröffnet worden. Der Name kam nicht von ungefähr, ging doch das Jahr 1770 für die Freiburger durch ein besonderes Ereignis in die Geschichte ein: Auf der Fahrt zu ihrer Eheschließung mit dem Dauphin, dem späteren König Ludwig XVI. von Frankreich, hielt sich Marie Antoinette drei Tage in Freiburg auf. Die Vorbereitungen für dieses festliche und der Stadt außerordentlich wichtig erscheinende Ereignis waren umfangreich. Nach der Französischen Revolution wurde das Café umgetauft. Es befand sich im ehemaligen, durch Umbauten veränderten Klosterhof der Zisterzienserinnen von Günterstal und war beliebter Treffpunkt für Einheimische und Fremde. Selbst Otto Graf von Bismarck kannte das renommierte Haus, zu dem auch eine Weingroßhandlung und später ein elegantes Hotel gehörten. Im Familienbesitz befindet sich ein Brief von ihm, geschrieben am 16.4.1861, in dem er beim Kopfwirt Pyhrr 3 Ohm Markgräfler Wein bestellt. Leider wurde das Haus in der Bombennacht 1944 zerstört.

Durch Heirat der Pyhrrs entstanden verwandtschaftliche Beziehungen zu vielen Freiburger Familien, zum Beispiel zur Familie **Kuenzer**,[30] Inhaber der gleichnamigen Cichorien- und Champagnerfabrik, ein Name, dem wir ebenfalls auf dem Alten Friedhof begegnen.

Eine Tochter Pyhrr heiratete den Fabrikanten Jeremias Risler. Die 1847 gegründete Porzellanknopffabrik Risler, Dutfoy & Cie. existiert heute nicht mehr in Freiburg. Sie wurde zu Beginn des 20. Jahrhunderts nach Herzogenrath bei Aachen verlegt. Aber die östlich vom Meßplatz gelegenen »Knopfhäusle«, die Jeremias Risler für seine Arbeiter bauen ließ, erinnern an ihn. Sie gelten als »erstes Beispiel des sozialen Wohnungsbaues in Freiburg«.(14)

Auch die Vorfahren von Heinz Krebs, der bis zum 1. April 1987 geschäftsführender Gesellschafter des Bankhauses J.A. **Krebs** [31] war, sind auf dem Alten Friedhof begraben. Die Firma besteht seit 1721 und gehört zu den ältesten Privatbankhäusern Deutschlands, das sich noch heute im Familienbesitz befindet. Edelknechte und Junker dieses Geschlechts, das 1250 erstmals urkundlich in Dottingen bei Sulzburg erwähnt wurde(15), saßen in Breisach, Müllheim, Neuenburg, Sulzburg und Badenweiler. Im 14. Jahrhundert ist der Name der Familie erstmals in Freiburg bezeugt. Sie stellte in der Zeit zwischen 1520 und 1530 den Schultheiß für die Stadt.

Der heutige Inhaber des Bankhauses Krebs leitet seine Herkunft von der Breisacher Linie ab, deren Großmutter allerdings Tochter eines Freiburger Wollfärbers war. Sie brachte das Haus »Zum Wasservogel« in der Pfaffengasse (heute Herrenstraße) in den Familienbesitz ein. Ihr Enkel Franz Joseph schrieb sich 1720 in Freiburg in die Krämerzunft »Zum Falkenberg« als Handelsmann ein und wurde 1721 durch Heirat mit der Erbin der Firma Martin-Poulet, Münsterstraße 2, zum Inhaber der genannten Firma. Im Jahre 1739 erwarb er das Anwesen Münsterplatz 4 dazu, in dem sich noch heute die Bank befindet. Seit 1721 saßen die Kaufleute Krebs nun ununterbrochen in Freiburg, die Söhne führten jeweils das Geschäft des Vaters weiter. Franz Joseph hatte acht Kinder, von denen das fünfte, der 1728 geborene Joseph Alexander das Werk seines Vaters fortsetzte. Nach einer Lehre in der schon damals bedeutenden Handelsstadt Frankfurt baute er das Haus Münsterplatz 4 um und begann neben dem Warenhandel mit Geldgeschäften und Vermögensverwaltung. In den Büchern des Jahres 1753 wurde auch ein »Kapital von Ihrer Majestät der Königin« – von Maria Theresia von Österreich – und auch ein »Kapital der löblichen Stadt Freiburg« vermerkt. Er legte damit die ersten Anfänge eines Bankgeschäfts und gilt als Stammvater des Bankhauses J.A. Krebs. Ein Stein in der Fassade des Hauses mit dem Familienzeichen – ein dreigeteiltes Herz mit den Buchstaben J.A.K., dem darüber befindlichen Krebs und zwei Palmwedeln darum, in den Ecken die Zahlen 1.7.5.3 – erinnert noch heute an den Umbau. Die damalige Warenhandlung hatte die Vielfalt eines heutigen Kaufhauses: Neben Lebensmitteln gab es Tuche, Spitzen, Samt, Kniebänder, Handschuhe, Papierwaren, Pferdegeschirre, Eisenblech, Lichtstöcke, Wein, aber auch Kristall, Granaten, Diamanten und die für die Ausrüstung des eleganten Mannes erforderlichen Goldknöpfe. Die Geschäftsverbindungen reichten von Basel, Straßburg, Genf und Lyon bis Paris, Amsterdam, Wien und in viele andere Städte. Im Jahre 1797 hinterließ Joseph Alexander seinen Kindern ein beträchtliches Vermögen.

Die Söhne Joseph Alexander und Dominik mußten das Geschäft durch schwere Krisen führen – die Zeit der Französischen Revolution, der Befreiungskriege, der zahlreichen Besetzungen der Oberrheinebene durch französische Soldaten. Das Vertrauen in die Firma blieb jedoch ungeschmälert, was man am besten daran ablesen kann, daß auch in diesen schwierigen Zeiten dem Hause zahlreiche Stiftungs-, Pflegschafts- und Vormundschaftsgelder anvertraut wurden, beispielsweise die Sautiersche Stiftung. Wie in der Chronik der Familie Krebs geschrieben steht, »finden sich in den Geschäftsbüchern der französische Adel ebenso wie die Köchin, der Professor ebenso wie der Landwirt und der Handwerksmeister verzeichnet.«(16)

Erst unter dem Enkel Joseph Alexanders kam es 1771 zur Gründung einer Bank. Adolf Krebs trat nach Absolvierung einer Banklehre in Basel 1868 in das Unternehmen ein und trennte sofort Bank- und Warenabteilung. Es gelang ihm, innerhalb kürzester Zeit aus der Bankabteilung ein modernes Privatbankhaus zu machen. 1904 wurde das Handelsgeschäft, aus dem sich die Bank entwickelt hatte, aufgegeben. Die Bank führte nach dem frühen Tod von Adolf Krebs (1875) der Bruder seines Vaters Eugen Krebs, weiter, ursprünglich Privatdozent an der Technischen Hochschule Aachen. Er war ein außerordentlich vielseitiger Mann, setzte sich neben der Führung der Bankgeschäfte für die Belange der Stadt Freiburg ein, machte sich in seiner Eigenschaft als Stadtrat um die Kanalisation, den Ausbau neuer Straßenzüge, die Anlage des Waldsees und viele andere Gemeinschaftsaufgaben verdient, förderte den Münsterbauverein und gründete zusammen mit Lorenz Werthmann den Caritasverband. Darüber hinaus spielte sich in seinem Haus reges geistiges Leben ab; der achttägige Aufenthalt Franz Liszts im Jahre 1882 ist nur ein Beispiel dafür.

Wie die Familienchronik berichtet, »kündeten sich um die Jahrhundertwende im Freiburger Bankwesen erhebliche Veränderungen an. Bisher hatten die alten Freiburger Privatfirmen Mez, Kapferer, Krebs, ferner seit 1889 Kaufmann-Fehr, sowie die Freiburger Gewerbebank e.G.m.b.H. im wesentlichen die Bankaufgaben in der Metropole des Breisgaus erfüllt. Von den Großbanken unterhielt nur seit 1871 die Rheinische Creditbank eine Filiale, entstanden durch die Übernahme des 1887 gegründeten Bankhauses Sautier. Um die Jahrhundertwende bemühten sich nun auch andere Großbanken, Niederlassungen in Freiburg zu eröffnen. 1898 erwarb die Oberrheinische Bank das nahezu 200 Jahre alte Bankgeschäft Christian Mez. Wenige Jahre später fusionierte die Oberrheinische Bank mit der Rheinischen Creditbank. Diese nahm 1904 die seit 1763 in Freiburg ansässige Firma Gebr. Kapferer auf. Seit 1905 errichteten dann in schneller Folge die Süddeutsche Disconto-Gesellschaft, die Dresdner Bank unter Übernahme der Firma Kauffmann-Fehr und die Darmstädter Bank Niederlassungen in Freiburg. Das älteste Bankgeschäft am Platze, das Haus J.A. Krebs, ging nicht in einer Großbank auf.«(17)

1912 starb Eugen Krebs, und seine beiden Söhne Adolf und Eugen Krebs übernahmen die Firma. Um die übrigen acht Geschwister auszahlen zu können, nahmen sie 1913 die Rheinische Creditbank in Mannheim, deren leitenden Direktor, Geh. Kommerzienrat Dr. Brosien und den Direktor der Freiburger Niederlassung als Kommanditisten auf, die später von der Deutschen Bank ersetzt wurden. Zum 31.12.1936 kündigte Adolf Krebs den Vertrag mit der Deutschen Bank, zahlte die Kommanditeinlage zurück, das alte Freiburger Bankhaus war wieder selbständig. Der bis zum 1. April 1987 geschäftsführende Gesellschafter Heinz Krebs war immer sehr engagiert. Er setzte sich für die Freunde der Universität ein, war Mitbegründer des Deutschen Sozialwerks, Vorsitzender des Breisgau Geschichtsvereins und Förderer der Museumsgesellschaft.

Die Vorfahren der Familie **Mez** [32] – ihr Name ist den Freiburgern durch die Firma Mez AG auch heute noch ein Begriff – stammen aus Knielingen bei Karlsruhe. Über Basel kam der Posamenter (Seidenbandweber) Carl Christian Mez nach Kandern, wo er wenig freundlich empfangen wurde. Man bedeutete ihm, daß »man schon mehrere Posamentier in Basel gehabt habe und die seien alle so verlumpt, daß sie nur der Gemeinde zur Last gefallen seien. Karl Christian setzte aber seine Aufnahme dennoch durch, begann als Weber mit einem Bandstuhl, verkaufte seine Bänder auf dem Kanderner Wochenmarkt auf einem Tischlein und auf den Jahrmärkten der Umgebung, wohin er sie auf dem Rücken trug.«[18]

Sein unerwartet rascher Aufstieg wurde gekrönt durch das Amt des Bürgermeisters der Stadt Kandern. Er hinterließ seinen Söhnen einen blühenden Webereibetrieb. Einer seiner Söhne, der auf dem Alten Friedhof begrabene **Christian Adam Mez** (1772–1842), siedelte 1802 nach Freiburg über und machte auf der »Großen Gaß«, der heutigen Kaiser-Joseph-Straße ein »Ellenwarengeschäft« auf. Da er kinderlos blieb, holte er die Söhne seiner Brüder nach Freiburg. Sein Neffe Christian übernahm das Handelsgeschäft, in dessen Rahmen bald auch Geldgeschäfte abgewickelt wurden und das schließlich nach Aufgabe des Ellenwarengeschäftes zu einer angesehenen Privatbank wurde. Ähnlich verlief, wie wir oben gesehen haben, auch die Entwicklung des Bankhauses J.A. Krebs. »Das Ansehen, das diese Familien in der Stadt genossen, ermöglichte es ihnen, Gelder aus jedem kleinsten Sparstrumpf wie auch aus den Kassenschränken der reichen Emigranten und wohlhabenden Gutsbesitzer der Umgegend anvertraut zu bekommen. Indem sie diese Gelder verwalteten, jahrelang immer neue aufnahmen und ihrerseits den kleinen Ladengeschäften auf den Landorten offene Rechnung aufmachten, wurden sie die Bankiers des Freiburger Wirtschaftslebens und des ländlichen Handels ... Nachdem anfänglich diese Geldgeschäfte noch mit den Warengeschäften vereinigt blieben, ... wurde schließlich die Bank allein aufrecht erhalten.«[19]

Carl Mez, (1808–1877) ein weiterer Neffe von Christian Adam Mez, gründete nach seiner Lehre als Seidenweber in der Schweiz 1834 im Dreisamtal eine Seidenzwirnerei und legte damit den Grund für die heutige Mez AG. Später teilten sich die Brüder Carl und Gustav Mez den Besitz auf. Gustav gründete die Firma Mez, Vater & Söhne, und Carl übernahm die alte Firma Carl Mez & Söhne mit der Bandweberei und außer der Nähseidenfabrik die Herstellung roher und gefärbter Fabrikationsseiden.

Die Firmen hatten nach dem Willen des damaligen Unternehmers Carl Mez ausdrücklich auch eine soziale Funktion. So schrieb Carl Mez im Bericht der badischen Ausstellungskommission für die Pariser Weltausstellung von 1867: »Uns schien es, daß Fabriken in gewisser Beziehung Erziehungsanstalten für Arme werden könnten ... Solches Ziel muß gesteckt werden, wenn etwas Größeres erreicht werden soll, als nur ökonomische Vorteile, welche von sehr zweifelhaftem Wert sind, wenn die Sittlichkeit dabei Not leidet.«[20] Für auswärtige Arbeiterinnen richtete er ein Heim ein, in dem »auf Gesundheit an Leib und Seele sowie auf menschenfreundliches Beisammensein mit Liedern und Lesungen, Gartenarbeit und Hausarbeit, auf Vermeidung von Tanzböden, Wachparaden und Abendspaziergängen sorgfältig geachtet wurde.«[21]

Carl Mez gründete auch das Evangelische Stift in Freiburg und als erster in Deutschland eine Betriebskrankenkasse.

Er war nicht nur ausgesprochen sozial engagiert, sondern zeichnete sich auch durch einen für die frühe Industrialisierung bemerkenswerten Pioniergeist aus. Bestes Beispiel hierfür dürfte wohl die Gründung der Seidenhandelskolonie Amasia in Kleinasien sein. »Im Jahre 1840 sandte Karl Mez einen Angestellten seines Hauses ... nach Konstantinopel, damit er von dort aus die Herkunft der unter der Marke Amasia im Handel befindlichen Rohseide feststelle und am Wohnort der Seidenzüchter ein Einkaufsgeschäft einrichte.« So wuchs durch Mez gefördert, »eine ganze süddeutsche Kolonie von Kaufleuten, Handwerkern, Müllern, Sägmüllern und Seidenspinnern in Kleinasien heran, die bis zum Weltkrieg in Blüte war.«[22]

Nach dem Ersten Weltkrieg und zwar 1923 wurde ein Teil des Aktienkapitals der Firma Carl Mez AG (der »unteren Fabrik«) von dem Konzern J. & P. Coats ltd., Glasgow übernommen. Im Jahre 1930 wurden die beiden Firmen Carl Mez & Söhne AG und Mez Vater & Söhne zur heutigen Mez AG zusammengeschlossen.

Bedauerlicherweise hat die alteingesessene Freiburger Firma 1986 im Rahmen von Rationalisierungsmaßnahmen die Fertigung, den Versand und wesentliche Teile der Verwaltung von Freiburg nach Kenzingen verlagert, wenn auch ihr Hauptsitz nach wie vor Freiburg ist.

Aus Kaltern in Südtirol kam 1766 der Apotheker **Johann Nepomuk Anton Vigilius Keller** († 1802)[33], wie auf seinem Grabstein – an der Westmauer des Alten Friedhofs – zu lesen ist.

Anton Vigilius Keller konnte, wie viele Einwanderer in der Stadt, seßhaft werden durch Einheirat in eine alteingesessene Freiburger Familie. Die Ehe entstand unter sehr romantischen Umständen. Es war bekannt, daß die junge Witwe des Apothekers Siegel in der »Glockenapotheke« einen neuen Ehemann suchte. Doch da der Bewerberkreis begrenzt war – denn es durfte nur ein Apotheker sein –, war eine Wiederheirat für sie besonders schwer. Als sie eines Tages am Fenster stand, kam Anton Keller auf das Haus zu. Sie soll daraufhin zu ihrer Schwester gesagt haben: »Wenn das doch nur ein Apotheker wäre, er würde mir gefallen!« Ihre Hoffnung erfüllte sich. Das Ehepaar hatte zwölf Kinder, deren Nachkommen teils schon in der siebten Generation in Freiburg leben. Fünf von ihnen waren im Lauf der letzten zwei Jahrhunderte für Freiburg als Stadträte tätig. Außerdem stellte die Familie mit Max Keller auch einen Oberbürgermeister.

Vor dem Grab der Kinder **Eugen Franz, Hedwig und Luise Ganter** (†1870) [34] wird der Vorübergehende zunächst vor allem den Schmerz der Eltern nachempfinden, die drei Kinder innerhalb eines Jahres verloren. In der Freiburger Zeitung vom 25.2.1870 erschien folgende Todesanzeige: »Unserem vor 8 Tagen verstorbenen Sohne Franz folgte heute sein geliebtes Schwesterchen Hedwig, 2½ Jahre alt, im Tode nach ...« Ganter, Bierbrauer. Wenig später wurde auch der Tod des dritten Kindes, Luise, eineinhalb Jahre alt, angezeigt. Nach Auskunft der Familie sind die Kinder an Diphtherie oder Scharlach gestorben, und die verzweifelte Mutter war damals wohl fest davon überzeugt, daß dieses Unglück nicht über die Familie gekommen wäre, wenn sie schon in der Brauerei außerhalb der Stadt in der Schwarzwaldstraße gewohnt hätte.

Der Vater der Kinder, Louis Ganter, der Begründer der Brauerei, war 1865 als junger Mann aus Schönau nach Freiburg gekommen und hatte hier von dem Gastwirt und Bierbrauer **Wendelin Ringwald** († 1864)[35], der ebenfalls auf dem Alten Friedhof liegt, für 65 000 Gulden das Haus »Zum Kind Jesu« in der Schiffstraße Nr. 7 (1944 zerstört, auf dem Gelände steht heute ein Teil der »Schwarzwald-City«) gekauft, das 334 Jahre früher Erasmus von Rotterdam gehört hatte. Louis Ganter erlernte sein Handwerk auf der Brauerschule in München, ging anschließend in die Schweiz zur Brauerei Hauer, der heutigen Cardinal-Brauerei, bevor er nach Freiburg kam. Bald reichten die Räumlichkeiten in der Schiffstraße nicht mehr aus, und so zog Louis Ganter 1877 mit seiner Firma in die Schwarzwaldstraße und übernahm dort das Gebäude der alten Ölmühle Buisson. Ganter entwickelte sich zur größten Privatbrauerei Südbadens und wird heute von Hans Ganter, einem Nachkommen des einst aus Schönau eingewanderten Louis geführt.

Ein bezaubernder, romanticher Winkel Freiburgs ist das am Gewerbebach gelegene Gebiet der Gerberau und »Insel« mit der alten Ölmühle. Frau Würstlin, geb. Buisson, Erbin der Häuser »Zum Bolz« und »Zum Dachs« (Insel Nr. 8 und 6), stammt aus der dort einst ansässigen Gerberfamilie Federer. Ihr Vorfahr, der 1722 geborene Johann Georg Federer war 1771 aus Dottingen im Markgräflerland nach Freiburg gekommen und hier in der Gerberzunft als Rotgerber aufgenommen worden. 1775 kaufte er das Haus »Zum Dachs«. Sein Sohn **Dominik Ignatius Federer** (1777–1859)[36] erwarb das Anwesen »Zum Bolz« hinzu. Er liegt mit seiner Frau auf dem Alten Friedhof begraben. Ihr gemeinsamer

Sohn Franz Josef Dominik Federer (1821–1902), ein allseits bekannter und tüchtiger Mann, wurde Zunftmeister der Gerber. Er war der letzte seines Geschlechts, der das Handwerk der Rotgerber ausübte. Sein Zunftbuch wird im Freiburger Stadtarchiv aufbewahrt, die damals seiner Obhut anvertraute Zunfttruhe ist heute im Augustinermuseum. Wegen der schlechten Berufsaussichten ließ er seine Söhne einen anderen Beruf erlernen. Die Tochter Emilie Federer (1867–1967) heiratete Friedrich Buisson, der von seinem Onkel, dem Ölmüller Buisson, in der Schwarzwaldstraße aufgezogen worden war. Er ließ sich in dem großen Anwesen der Federer als Ölmüller nieder und betrieb einige Jahre die von ihm 1902 eingerichtete und heute noch am Gewerbebach erhaltene Ölmühle, bevor er zum Ölgroßhandel überwechselte.

Im Garten des Hauses »Zum Dachs« fühlt man sich um zwei Jahrhunderte in die »gute alte Zeit« zurückversetzt, wenn Frau Würstlin Erzählungen ihrer Großmutter wiedergibt, die ihr noch gut im Gedächtnis sind und welche anschaulich die damalige Arbeit der Gerber vor Augen führen: »Die Rotgerber stellten Rindsleder für Sättel, Schuhsohlen und ähnliches her. Von den Metzgern wurden die Häute so geliefert, wie sie den Tieren abgezogen worden waren. Sogar die Schwänze waren noch daran. Bald hatte meine Großmutter herausgefunden, daß man durch Kochen der Schwänze eine vorzügliche Suppe zubereiten konnte. Um so größer war die Enttäuschung, als später bei der Lieferung der Häute die Schwänze fehlten. Grund: viele Freiburg besuchende Engländer bestellten sich in den Gasthäusern Ochsenschwanzsuppe, so daß es ein neues Absatzgebiet dafür gab.

Von den Gerbern wurden die Häute zunächst einmal mit dem Schabeisen geschabt (ein solches Werkzeug sieht man heute noch eingeritzt in der Fensterlaibung des Hauses »Zum rauhen Mann«, Insel Nr. 4). Dann wurden die Häute im Gewerbebach gewaschen. Anschließend legten die Gerber sie in Gruben zwischen Eichenlohe und schichteten sie von Zeit zu Zeit um. Für diesen Zweck waren im Hof drei Gruben ausgehoben. Nach der Gerbzeit wurden die Häute gründlich gewaschen und auf dem Gerberboden zum Trocknen aufgehängt.« Die Ladeluke am Dach ist noch erhalten, durch die das gegerbte Leder zum Trocknen in den ebenfalls noch erhaltenen Trockenboden gezogen wurde. Die zurückbleibende Lohe füllten die Kinder der Federers mit ihren Freunden gegen ein kleines Entgelt in Formen. Nach dem Trocknen nahm man die sogenannten »Lohkäs« aus der Form und verkaufte sie als Heizmaterial. Auch ein solcher Lohkäs ist noch im Hause aufbewahrt, ebenso wie kleine Zunftzeichen aus Leder, die durchreisende Gesellen als eine Art Empfehlungsschreiben mit auf den Weg bekamen, wenn der Zunftmeister Federer sie zu einem anderen Meister weiterschicken wollte. Ihr Großvater sei selbst als Wandergeselle nach Rußland gezogen, um dort das Gerben von Juchtenleder zu erlernen.

Nicht weit vom Alten Friedhof entfernt liegt in der Habsburgerstraße das kleine gemütliche Café Danz, beliebter Treffpunkt für die Schüler des Friedrich- und Keplergymnasiums. Es wird heute von Frau Irene Fackler geleitet, von deren Vorfahren auf dem Alten Friedhof die Stammutter der Familie, **Maria Josefa Danz geb. Stiefvater**, (1787–1866) [37], mit ihren beiden Ehemännern zur letzten Ruhe gebettet wurde.

Maria Josefa, Tochter des aus Staufen stammenden Hutmachers Johann Stiefvater, heiratete 1810 den Schmiedemeister **Johann Baptist Rieder** (1782–1816). Seine Schmiede »Zum Schwarzen Rößlin« befand sich direkt beim Schwabentor in Oberlinden. Das Haus wurde 1913 abgerissen und durch einen Neubau ersetzt. Er hatte sie von seinem Vater, dem aus Elzach eingewanderten Schmied Johann Georg Rieder übernommen, der durch Heirat der Witwe des Schmiedes Brecheisen in der alten Freiburger Schmiede Meister werden konnte. Sein Sohn, der erste Mann von Maria Josefa, starb 1816 noch jung an Jahren an einem Herzschlag. Die Witwe heiratete in zweiter Ehe den Gesellen **Georg Heinrich Danz** (1786–1859), der damit Schmiedemeister in Oberlinden wurde. Er ist der Stammvater der Freiburger Familie Danz. Sein Handwerk hatte er in der Klosterschmiede zu St. Blasien erlernt; später legte er auch noch sein Diplom als Tierarzt bei dem Freiburger Professor Dr. Schmiederer ab. Da er ein außerordentlich tüchtiger Mann war, kam die Kundschaft bald von Nah und Fern zu dem Schmied und Tierarzt von Oberlinden, der darüber hinaus für den Bau von »Herrschafts- und Lohnkutscherchaisen« bekannt war und ständig mit 5 bis 6 Gesellen arbeitete. Sohn August Danz (1819–1874) übernahm die Schmiede, die aber dann Ende des 19. Jahrhunderts aus dem Besitz der Familie Danz kam, da dessen Sohn August Bierbrauer wurde und dies vielleicht deswegen, weil die Verkehrsverhältnisse sich inzwischen geändert hatten und weniger Schmiede benötigt wurden. Paul, der Sohn des Bierbrauers, wurde Konditor und gründete 1926 im elterlichen Haus in der Habsburgerstraße sein Konditoreigeschäft, das nach seinem Tod an seine Tochter Pia, verheiratete Fackler, die Mutter der heutigen Geschäftsinhaberin, überging.

Aus der ersten Ehe der Stammuter Maria Josefa stammten drei Söhne, von denen aber nur der jüngste am Leben blieb, der spätere Bürgermeister und Landgerichtsrat Johann Baptist Leonhard Rieder (1815–1902), dessen Ehefrau **Karoline, geb. Werber** (1824–1851)[38], ebenfalls auf dem Alten Friedhof begraben ist. Er schrieb in vier Bänden ausführlich seine Lebenserinnerungen nieder und hinterließ mit diesem Dokument eine interessante Schilderung des Freiburger Lebens im 19. Jahrhundert:

»Ein idyllischer Zustand herrschte besonders in Oberlinden, dem unbestritten ältesten Stadtteil. Eine alte Linde beim Brunnen zierte die Straße und ein kleiner aber ziemlich eingedämmter Bach durchzog die Mitte der Straße und teilte sich in zwei Wasserstränge, von denen der eine die Salzstraße, der andere die Pfaffengasse, jetzt Herrenstraße herunterrieselte.

Dieser Stadtteil bildete gleichsam eine eigene abgeschlossene Gemeinde, die eine musterhafte Zusammengehörigkeit zeigte. Ihre Mitglieder waren ein Herz und eine Seele. Ein größeres Unglück wurde stets gemeinsam getragen, und jeder Angehörige, der einer Beihilfe oder Unterstützung bedurfte, erhielt sie auch unweigerlich von seinen Genossen. Ein kordiales Leben entwikkelte sich unter ihnen, das bald in diesen bald in jenen Festlichkeiten und Vergnügungen Ausdruck fand. Im Winter wurden gemeinschaftliche Schlittenfahrten abgehalten. Eine Polizei, die so ein Wintervergnügen im Interesse der öffentlichen Sicherheit beschränkte, gab es noch nicht. Daher konnten wir den Lauf unserer Schlitten oben vom Schloßberg, dort wo sich jetzt das städtische Wasserreservoir befindet beginnen lassen und bis in die Straße hinein zum Hause des Kaufmanns Krauß, jetzt Kaiser, Oberlinden 24 fortsetzen, wobei es freilich manchmal sich ereignete, daß wir mitten in die Fuhrwerke oder zwischen den Füßen der Pferde durchfuhren. (In der Geschichtlichen Ortsbeschreibung der Stadt Freiburg steht vermerkt, daß »das Julius Kaiser'sche Haus an die westliche Innenseite des Schwabenthors stieß und gelegentlich des Baues der elektrischen Straßenbahn abgerissen und zu einem freien Platze eingeebnet wurde.«) Doch hörte ich nie etwas von einem Unglück, obwohl der Korso sehr oft mit einer ganzen Reihe von Schlitten ins Werk gesetzt wurde. Die Polizei machte aber später diesem Sport ein Ende, wie auch anderen Volksvergnügungen. (Er meint damit das Johannisfest am 24. Juni, das auf dem Karlsplatz gefeiert wurde).(23)
»Die gesamte Jugend der Stadt, Buben und Mädchen waren anwesend und sprangen unter lautem Hallo jubilierend und zu Ehren und zum Lob des heiligen Johannes Lieder singend über die brennenden Holzhaufen. Eine Menge Volks sah diesem Schauspiel zu und vergnügte sich an dem Festtreiben ihrer Kinder. Auch diesem Fest wurde im öffentlichen Interesse ein Ende gemacht. Der Karlsplatz aber blieb noch eine Zeitlang das Eldorado der spiellustigen Jugend. Dort fanden sich sowohl die Volksschüler als auch die Schüler des Gymnasiums ein, um sich jeder Teil nach seiner Weise zu unterhalten. Die ältere Jugend vergnügte sich mit dem Schlagball, die Kleinen mit den kleinen Bällen, die sich zu einer großen Mannigfaltigkeit von Spielen benutzen ließen. Sie führten Namen, welche heute wenig mehr bekannt sind ... Oft war der gesamte Platz angefüllt. Ein fröhliches, lustiges Lachen ließ sich bald da bald dort hören, kurz überall Freude und Jubel. ... In neuerer Zeit sann man

wieder auf einen Ersatz und führte die Spielplätze ein. Allein, sie sind nicht das, was das Tummeln auf dem großen Platz war. Dieser entsprang dem freien Willen der Knaben, dem angeborenen Triebe zur Geselligkeit und der Liebe zum gegenseitigen Verkehr miteinander, während die sogenannten Spielplätze schon etwas ganz Neues, Befohlenes in sich tragen.«(24) Sehr interessant sind seine Erzählungen über die Schulzeit: »Das Schulhaus für die Oberstadt, ein höchst bescheidenes zweistöckiges Gebäude, lag am Ende der Pfaffengasse, die nun in Herrenstraße umgetauft ist, und trägt jetzt die Nummer 8 und enthält sechs Schulzimmer und eine Lehrerwohnung zu ebener Erde. Den Religionsunterricht erteilte uns der Münsterpfarrer Dr. Bernhard Boll, ursprünglich Konventual in Salem, dann Professor der Philosophie, zuletzt Erzbischof in Freiburg. ... Am Ende eines jeden Schuljahres fand eine öffentliche Prüfung und am Schluß derselben in der Münsterkirche eine höchst förmliche Preisverleihung statt, an der außer der Geistlichkeit und Lehrern und Schülern stets eine Menge Menschen teilnahmen.«(25)

Der Sohn des Chronisten, Landgerichtsdirektor Karl Friedrich Rieder, heiratete eine Tochter von Victor Magnus Usländer (1828–1883), dessen Frau **Maria geborene Wagner** (1834–1871) mit den beiden Kindern **Richard und Theckla Usländer**[39] auf dem Alten Friedhof zur letzten Ruhe gebettet wurde. Er selbst starb erst nach der Schließung des Friedhofs und konnte daher nicht mit seinen Lieben im Grab vereint werden. Die Familie Usländer, die im heutigen Freiburger Geschäftsleben mit einigen Cafés und Bäckereien eine beachtliche Rolle spielt, stammt aus Gengenbach im Schwarzwald. Bereits dort zeigte sich der unternehmerische Geist der Familie. Eines der schönsten Fachwerkhäuser Gengenbachs in der Hauptstraße Nr. 28, in dem der Postexpeditor und spätere Bürgermeister Mathäus Usländer im 19. Jahrhundert die Post von Gengenbach leitete, ist heute noch erhalten. Sein Sohn Victor Magnus Usländer ging nach Freiburg, um sein Glück zu machen. Er kaufte ein Haus an der Ecke Kaiser-Joseph-Straße/Marktgasse, unmittelbar naben dem Basler Hof, in dem die erste Geschäftsstelle der Freiburger Gewerbebank eingerichtet wurde. Victor Usländer besorgte als »erster Kassierer« und damit Mitglied des Vorstands die Geschäfte der Genossenschaft bei sich zu Hause.(26) Die heutige Volksbank begann also im Hause Usländers. Victor war ein Bruder vom Urgroßvater des Freiburger Unternehmers Heinz Usländer. Dieser kann sich noch gut daran erinnern, wie ihm als Kind erzählt wurde, daß die Vorfahren einst »Auslaender« hießen, und ein gut alemannisch sprechender Ratsschreiber wohl versehentlich aus dem Ahnen Carl Auslaender einen »Uslaender« machte.

Ähnliches widerfuhr der Freiburger Familie Erggelet, deren Vorfahren ursprünglich »Ergele« hießen. Da sich in Freiburg um 1800 ständig französische Truppen aufhielten, war es Mode geworden, viele Wörter zu französisieren, darunter auch die Familiennamen. Bei der französischen Aussprache des Namens »Ergele« kam dabei immer wieder eine ganz bestimmte Gedankenverbindung zu einem delikaten Wort des alemannischen Dialekts auf, mit dem liebevoll ein bestimmter Körperteil bezeichnet wird. Daher führte die Familie ihrem Namen ein zweites »g« und am Ende des Wortes ein »t« hinzu.

Der auf dem Alten Friedhof begrabene **Johann Konrad Erggelet** († 1823)[40] war 1774 von seiner Heimatstadt Waldshut nach Freiburg gekommen, wo er sich in der Pfaffengasse als Geigenbauer niederließ. Bald darauf heiratete er die Metzgerstochter Maria Anna Knupfer und erwarb das Bürgerrecht. Der Einbürgerungsbrief des Johann Konrad Erggelet zeigt nach Ansicht von Engelbert Krebs die grundsätzlichen Bedingungen, die für eine Einbürgerung erfüllt werden mußten. »Es wird ihm die Bürgerannahme in Gnaden gewährt, gegen dem, daß er seinem Anerbieten gemäß eine hiesige Bürgerstochter einheiratet und das bürgerliche Einkaufsgeld mit 100 Gulden auf dem Amtshaus bezahle.«(27) Da Johann Konrad Erggelet gute Arbeit leistete, konnte er an seinem Lebensende seinem Sohn Johann Nepomuk ein blühendes Geschäft hinterlassen. Von dessen Kindern lernte jedoch keiner mehr die Kunst des Geigenbauens. Die Nachkommen wandten sich anderen Berufen zu.

Einer von ihnen, der 1853 geborene Eduard Erggelet, gründete 1886 die Kolonialwarenhandlung und Feinkostfirma Eduard Erggelet Wenk GmbH, die 1972 durch Zusammenschluß mit den Firmen Ruf AG und Weigel & Kordeuter in der heute noch bestehenden Firma Unigro aufging, sich aber nicht mehr in Familienbesitz befindet. Die Firma Erggelet Wenk existiert nur noch als reine Vermögensverwaltungsgesellschaft.

Eduard Erggelet war eine ausgeprägte Unternehmerpersönlichkeit. Nach Abschluß seiner kaufmännischen Ausbildung arbeitete er einige Jahre in Zürich, London, Paris und Palermo und bewies dabei schon seine geschäftliche Beweglichkeit. Vielleicht entwickelte sich bei ihm die Sehnsucht nach der großen weiten Welt in seiner Kinderzeit. Als damals eine Tante aus Mannheim mit ihrem kleinen Sohn zu Besuch kam, betrachtete er diesen als »Wunderkind«, weil er von »so weit herkam«. In seinen Lebenserinnerungen schildert er die kleine, überschaubare Welt, in der sich seine Kindheit abspielte: »Mit Freuden gedenke ich der schönen goldenen Jugendzeit, die ich im elterlichen Hause am Münsterplatz verlebte. ... Nach alter Sitte stund fast vor jedem Haus eine kleine Bank für die Hausgenossen und Nachbarn, wo nach getaner Arbeit abends von den Alten die Tagesneuigkeiten verhandelt wurden ... Fußball, Tennis und Skilauf waren damals noch unbekannte Begriffe. Ein besonderer Sport für die Münsterplätzler und Buben der angrenzenden Straßen war dagegen das Läuten auf dem Münsterturm. ... Ein anderer Sport ist um diese Zeit aufgekommen, das Schlittschuhlaufen auf den Spitalmatten (jetzt Bismarckstraße), und als sich einmal einige Mädchen auf das Eis wagten, hielt der bekannte Kanzelredner, Jesuitenpater Rino, im Münster eine Philippica über die Sittenverderbnis der Jugend. Was würde er heute sagen über das Treiben der Jugend auf den Bergen? (1923!) Der Wandersport lag damals noch in den Kinderschuhen, eine Besteigung des Feldbergs, wo anstelle des heutigen Hotels eine kleine Hütte stand, war schon ein Ereignis. Die Freiburger Bürger unternahmen Sonntags Nachmittags einen Ausflug auf das »Land«, ins »Brückle« (jetzt Sonne, Baslerstraße) ... oder in den »Grünen Baum« (Lorettostraße) und zur »Stadt Wien.«(28)

Bonifaz Ruckmich (1796–1838)[41], der Begründer des Musikhauses Ruckmich, kam 1824 von St. Blasien nach Freiburg. Sein Vater Antonius war in St. Blasien als »Ludimagister«(29) tätig und gehörte zum engeren Kreis des Fürstabts Martin Gerbert, der als Landesfürst, Theologe, Abt und Wissenschaftler wohl die bedeutendste Persönlichkeit unter den Äbten des Klosters St. Blasien war. So schrieb er beispielsweise nicht nur eine Geschichte des Hauses Habsburg und des Schwarzwaldes, sondern verfaßte als Musikliebhaber auch ein anerkanntes Werk über Kirchenmusik.

Bonifaz Ruckmich studierte Musik, bevor er in Freiburg zunächst als Musiklehrer tätig war, nebenher aber bereits einen bescheidenen Handel mit Pianos betrieb. 1827 entschloß er sich, in der Pfaffengasse die erste Musikalienhandlung in Freiburg zu eröffnen. Zuvor waren allerdings eine Reihe von Schwierigkeiten zu überwinden. Das Bürgerrecht erhielt er nach längerem Kampf mit den Stadtbehörden erst, als er seine bevorstehende Heirat mit der Freiburger Bürgerstochter Walburga Theresia Wangler ankündigen konnte. Außerdem wehrten sich die ortsansässigen Klavierbauer und Buchhändler gegen die neue Konkurrenz.

Auch sein Sohn Carl hatte mit ähnlichen Widrigkeiten zu kämpfen, als er 1852, erst zwanzigjährig, das nach dem Tod des Vaters – unter der Leitung seines Stiefvaters stark zurückgegangene – Geschäft übernehmen wollte. Bald aber florierte die Musikalienhandlung wieder so gut, daß Carl Ruckmich sich zu einer Verlegung der Geschäftsräume entschloß. Er kaufte 1875 das ehemalige Zunfthaus der Schneider in der Bertholdstraße, wo das Musikhaus noch immer seine Geschäftsräume besitzt.

Nach Carl Ruckmich hatte sein Sohn Ludwig das Unternehmen geleitet, bevor es an dessen Tochter Elisabeth überging, da ihr Bruder im Ersten Weltkrieg gefallen war. Heutiger Inhaber und Leiter des Geschäfts ist deren Sohn Peter Geißler.

Auch die Mutter des Gründers der Firma Brenzinger & Cie GmbH, **Theresia Brenzinger, geb. Jörger** (1802–1871)[42] ist auf dem Alten Friedhof begraben.

Der erste Freiburger Brenzinger ist am 3. Februar 1592 im Zusammenhang mit seiner Trauung im Kirchenbuch des Freiburger Münsters erwähnt.(30) Er war auf der Wanderschaft als Schuhmacher von Sauldorf nach Freiburg gekommen. Durch seine Ehe mit der Freiburger Bürgerstochter Maria Sonnenschein wurde er in der Stadt seßhaft. Während er mit seiner Familie noch in sehr einfachen Verhältnissen lebte, brachte es sein Sohn Johann Baptist bereits zu Ansehen und Wohlstand, und er wurde, wie auch die nachfolgenden Generationen der Brenzinger, im Münster beigesetzt. Zwei seiner Söhne waren Künstler. Der eine, Johann Caspar Brenzinger (1651–1737), verdient nicht nur als Maler Erwähnung sondern spielte auch in anderen Bereichen im Leben der Stadt Freiburg an der Wende vom 17. zum 18. Jahrhundert eine wichtige Rolle. Viele Jahre hindurch war er »regierender Bauherr« und damit für die Überwachung der gesamten Bautätigkeit in Freiburg verantwortlich.(31) Noch mit 80 Jahren erfüllte er dieses Amt bei einem heftigen Schneesturm. Das Ratsprotokoll vom 9.2.1731 berichtet dazu: »Weylen seit einigen Tagen eingefallene übergroße und bei mannsdenken hier nit gesehene Massen Schnee die Bächlein gestöckt, des das Wasser in die Gassen ausgeloffen und mithin das Ansehen genommen, als wie es gar in die Keller sich erguessen werde, wessentwegen durch die ganze Stadt dem Ubel vorzuekommen, die nötigen Maßnahmen vorzunehmen waren.«(32)

Johann Caspar war aber auch Ratsherr und immer wieder Zunftmeister der Malerzunft »Zum Riesen«. Sichere Zeugnisse seiner künstlerischen Tätigkeit sind das Hochaltarbild »Mariae Himmelfahrt« in der Pfarrkirche von Kirchzarten(33) und das Bild des Hl. Markus – heute im Familienbesitz.

Bei einer ganzen Reihe weiterer Werke wird seine Urheberschaft vermutet, läßt sich aber nicht sicher beweisen, so zum Beispiel bei den Gemälden an der Chorbogenwand der St. Michaelskapelle auf dem Alten Friedhof.

Wem Julius Brenzinger (1843–1924) seine künstlerische Begabung und seinen Unternehmergeist verdankt, läßt sich also leicht erraten. Er war Steinmetz und Bildhauer, bevor er 1872 sein Unternehmen »Cementwarenfabrik und Baugeschäft Brenzinger« gründete. Es wurde zum Pionierbetrieb auf dem Gebiet des Eisenbetonbaus, nachdem Julius Brenzinger das damals von dem Franzosen Monier entwickelte Eisenbeton-Verfahren übernahm.

Die Firma Brenzinger & Cie GmbH ist heute noch unter Familienleitung und hat ihre Tätigkeitsschwerpunkte im Bereich Hochbau, Brückenbau, Schlüsselfertiges Bauen und Wohnbauträgerschaft. Viele Beispiele der durch das älteste Bauunternehmen Freiburgs und Südbadens errichteten Bauten für private, städtische und staatliche Auftraggeber sind im Freiburger Stadtbild erhalten. Zu ihnen gehören die Ochsenbrücke, das Kollegiengebäude I der Universität, das Verwaltungsgebäude des Regierungspräsidiums und die Deutsche Bank.

Julius Brenzinger selbst fand seine letzte Ruhe in der Familien- und Betriebsgrabstätte auf dem Freiburger Hauptfriedhof.

Eine ganze Reihe angesehener Familien, deren Namen wir auf den Grabsteinen lesen können und deren Nachkommen teilweise noch heute in der Stadt leben, kamen einst aus Savoyen als Einwanderer nach Südbaden. Zu ihnen gehören die Familien Sautier, Montfort, Rosset, Litschgi und einige mehr.

»Spielten die Grafen von Savoyen in der europäischen Politik eine wichtige Rolle«(34) als Herrscher über zahlreiche Gebirgsübergänge zwischen Frankreich und Italien und zwischen der Schweiz und Italien, so war die Bevölkerung dieses im wesentlichen rauhen unfruchtbaren Hochgebirgslandes dennoch sehr arm. Folge der Armut waren die Auswanderungen.

Die nach Freiburg eingewanderten Savoyarden zeichneten sich alle durch außerordentliche Tüchtigkeit aus und kamen oft in einflußreiche Stellungen als Bankiers, Großkaufleute, Künstler, Gelehrte, Forscher, Sozialpolitiker, Beamte und Geistliche. »Waren mehrere savoyische Familien an einem Ort, so hielten sie fest zusammen ... sie leisteten sich gegenseitig Bürgschaft, übernahmen die Vormundschaft über die Kinder eines verstorbenen Landsmannes«(35) und vieles mehr. Aber sie heirateten auch in alteingesessene Freiburger Familien und gelangten damit rasch zu Einfluß der Stadt. In Freiburg begann die Einwanderung von Savoyarden um 1510. Allerdings hatten sie es durch die ablehnende Haltung der einheimischen Kaufleute und Ratsherren sehr schwer, Fuß zu fassen. »Im Jahre 1598 verfügte der Rat, daß kein Welscher mehr zum Zünftigen aufgenommen werden solle, auch nicht zum Bürger oder Hintersassen. Wer sich von den Freiburgern mit einem Fremden verheirate, verliere das Bürgerrecht und werde aus der Stadt verwiesen.«(36)

Unter »Hintersassen« verstand man »Leute, die zwar in der Stadt ihren Wohnsitz hatten, aber nicht im Besitze des Bürgerrechts waren.«(37)

Als Freiburg jedoch zwischen 1677 und 1697 unter Ludwig XIV. französisch war, kamen zahlreiche Fremde in die Stadt. Zeitweise sollen hier fast doppelt so viel Zugezogene wie Einheimische gelebt haben, darunter auch viele Savoyarden. Folge davon waren Schwierigkeiten zwischen den Freiburger Bürgern und den Zugewanderten. »Schließlich verlangte der französische Kommandant eine klare Entscheidung: entweder Bewerbung um das Freiburger Bürgerrecht oder Verschwinden nach toleranter Fristsetzung – man wollte wohl keine Durchpendler.«(38) Hatte jemand die Absicht, sich in Freiburg niederzulassen, Bürgerrecht zu erwerben und in einer Zunft einzukaufen, so mußte er ein bestimmtes Vermögen, Freiheit von Leibeigenschaft und eheliche Geburt nachweisen. Diese Bestimmungen galten auch für andere Orte. In den Unterlagen der Stadt Geisingen aus dem Jahre 1680 heißt es: »Jost Ludwig Sautier aus Saphoia gebürtig, ein Krämer ist allhier zum Bürger auf- und angenommen worden, auch hat er seinen gebührenden Trunk Gericht und Rath, wie altes Herkommen, gegeben, vorher aber seinen ehelichen Geburtsbrief und daß er nicht leibeigen aufgelegt.«(39)

Sein Enkel **Franz Josef Sautier** (1719–1789)[10] zog 1741 nach Freiburg, verheiratete sich hier mit der Bürgerstochter Anna Wilhelm und wurde nach seinem Tod auf dem Alten Friedhof begraben. Der Familiengrabstein trägt die Inschrift »Dem Handelsmann, der niemals log / Noch im Gewicht und Maß betrog / Der frei von Stolz und Krämerneid / Sich schwung durch Fleiß und Sparsamkeit«.

Seine zweite Tochter heiratete den aus Tirol stammenden Franz de Paula Kapferer, dessen Grab sich gleich neben dem Sautierschen Familiengrab befindet.

Besondere Erwähnung verdient der älteste Sohn von Franz Josef Sautier wegen seiner sozialpolitischen Tätigkeit. **Heinrich Sautier** (1746–1810) gehörte dem Jesuitenorden an, wurde nach dessen Auflösung Weltpriester und unterrichtete am Freiburger Gymnasium »Rede und Dichtkunst«. 1792 trat er von seinem Lehramt zurück und widmete sich ganz der Armenfürsorge. Vermutlich durch seinen Freund Johann Christian Wentzinger beeinflußt, errichtete er aus seinem Vermögen eine Stiftung für die Ausbildung und Ausstattung bedürftiger Bürgerstöchter und -söhne. Als Anleitungsbuch für die Mädchen schrieb er ein Lehrbuch mit dem Titel »Die arme brave Marie oder das Bild eines vollkommenen Dienstboten«.

Heute sind von den aus Savoyen nach Freiburg eingewanderten Familien nur noch die Montforts und die Rossets bekannt. Ein Grabstein auf dem Alten Friedhof trägt die Inschrift »Hier ruht **Rossets Kind**. Geb. dem 7. Dez. 1869, gest. den 8. Dez. 1869. Die tieftrauernden Eltern Hermann und Emma Rosset [43].

Herbert Wiedemann berichtet im »Freiburger Almanach 1984« aus dem Stammbuch der Familien Rosset-Fehrenbach:

Als Stammvater dieser inzwischen alteingesessenen Freiburger Familie kam Joseph Rosset aus Morzine, einem Ort unweit von Thonon am Genfer See, in die Stadt und wurde am 1.2.1683 als Bürger und »Zünftiger in der Krämerzunft von Falkenberg« aufgenommen.(40) Durch

Tabakwarenhandel wurde er rasch ein wohlhabender und angesehener Kaufmann, und seine Kinder gehörten bereits zu den Freiburger Honoratioren. Eine Tochter heiratete in die aus Oberried zugezogene reiche Familie Gaess ein. Sein Sohn Franz Joseph war ebenfalls Handelsmann in der Zunft »Zum Falkenberg«, außerdem Stadtrat und Mitglied des Gerichts. Der Enkel Karl Rosset wurde 1772 für den Breisgau Direktor des in Genua erfundenen kaiserlichen Staatslotto, außerdem Mitpächter der St. Anna und Agatha Erzgruben im Münstertal. Sein Haus »Zur Hexe«, später »Zu den drei goldenen Schwanen« (Schusterstraße 33) ist heute noch erhalten. Dessen Sohn Dominik Nepomuk ist in die Familiengeschichte der Rossets als »Dreiwitwen-Rosset« eingegangen, da er zunächst die junge Witwe des Wirts vom »Wilden Mann«, dann die Witwe des Eigentümers »Zum Dreikönig« und schließlich die Frau des Buschwirts Keller geheiratet hatte. Sein gleichnamiger Sohn »erwirkte 1861 einen Beschluß des Stadtrats, der als Gründungsakte der städtischen Museen anzusehen ist.«[41] Er heiratete die Tochter des savoyardischen Kaffeewirts und Goldschmieds Johann Baptist Messy, der in der Familienchronik als abenteuerliche Erscheinung geschildert wird und vielleicht das Fernweh in die Familie brachte. Drei Söhne aus dieser Verbindung zog es in die Fremde. »Der eine, Karl Friedrich, wurde Kaufmann in Lausanne und Genf, lebte ab 1869 in Kairo und gründete sodann in Kartum einen Exporthandel. Er wurde als Bevollmächtigter der Generalskonsulate in Kairo kaiserlich-deutscher und englischer Vizekonsul für den Sudan. In Verbindung mit den Afrikaforschern Nachtigal, Schweinfurt, Juncker machte er mehrere Forschungsreisen im Bereich des weißen Nil. Mit dem britischen Offizier Gordon, genannt Gordon-Pascha, dem Begründer der britischen Herrschaft in Ägypten, war er eng verbunden.«[42] Er ist dort sehr jung mit 36 Jahren gestorben. »Seine ethnographischen Sammlungen gingen später an das Völkerkundliche Museum in Freiburg.«[43]

Der Sohn Carl Wilhelm ging als Zweiundzwanzigjähriger zu seinem Bruder nach Khartum und erforschte mit diesem das Gebiet des weißen und blauen Nils. Später reiste er nach Syrien, Palästina, Arabien, Vorderindien, nach Ceylon und zu der Inselgruppe der Malediven und Lakkadiven, später bis Hinterindien. Er hielt Vorträge über seine Reisen vor Königin Victoria von England, dem Deutschen Kaiser und dem Badischen Großherzog. »Eine Ausbeute seiner Sammlungen ging an die Museen nach Berlin, Wien, nach London und nach Freiburg.«[44]

Der dritte Sohn, Otto, lebte in Barcelona, arbeitete dort als Übersetzer und sammelte Schmetterlinge der Pyrenäen. Nur einer der Söhne, Hermann, blieb in Freiburg und übernahm das elterliche Geschäft. Das obenerwähnte Grab mit seiner schlichten Inschrift erinnert an sein erstes Kind.

Durch Heirat gehört auch der Präsident des Reichstags und Präsident der Weimarer Nationalversammlung Constantin Fehrenbach zum Rossetschen Familienverband.

1983 traf sich die gesamte heutige Familie Rosset in Freiburg anläßlich des dreihundertjährigen Jubiläums der Einbürgerung ihres Freiburger Stammvaters.

Der im Zusammenhang mit der Familie Sautier erwähnte **Franz de Paula Kapferer** († 1830)[44] war 1763 aus Mieders im Stubaital (Tirol) eingewandert. Er brachte die nötige finanzielle Grundlage mit, um in Freiburg in bester Geschäftslage auf der Kaiser-Joseph-Straße im Haus »Zum Schlangeneck« (heute Modehaus Fabel) seine Firma zu gründen. Das Geschäft blühte rasch auf. 1786 plante Franz de Paula, die Firma Gebrüder Kapferer zu gründen. Die Freiburger Kaufleute wehrten sich jedoch zunächst dagegen, da sie die Konkurrenz der auswärtigen Brüder fürchteten, die nicht Freiburger Bürger waren und sich auch nicht an den Lasten der Zünftigen beteiligten. Franz de Paula konnte diese Bedenken ausräumen, indem er unter anderem anführte, daß die Nutzen für die Stadt offenbar seien, denn »je größer der Verkehr der hiesigen Bürger mit dem Ausland, desto beträchtlicher sei der Zufluß des fremden Geldes, welches einzelne Bürger bereichere und somit auch dem Ganzen Nutzen bringe.«[45]

Bald errichteten die Kapferers neben der Firma in Freiburg eine zweite in Waldkirch. Dort wurde rohe und gefärbte Baumwollware hergestellt, später aber auch Seidenweberei betrieben. Im Jahre 1825 waren über 100 Weber und 200 Arbeiter beschäftigt. Die Kapferers wurden in Waldkirch zu Ehrenbürgern ernannt, weil sie »der Einwohnerschaft eine neue Nahrungsquelle eröffnet und selbst in Zeiten allgemeiner Teuerung und Not mit Hintansetzung des eigenen Vorteils wieder dürftigen Familien und Einwohnern den Unterhalt verschafft haben.«(46)

Im Jahre 1856 teilte sich das bis dahin von zwei Brüdern geführte Unternehmen. Ein Bruder blieb mit seiner Firma im gleichen Haus am Bertholdsbrunnen unter dem bisherigen Namen »Gebrüder Kapferer«. Der zweite Bruder verlegte sein Geschäft an den Münsterplatz. Er spezialisierte sich vor allem auf den Handel mit Manufaktur- und Aussteuerwaren, Tapeten und Teppichen. Die Firma in der Kaiser-Joseph-Straße betrieb neben dem Warenhandel vor allem Bankgeschäfte. Das Geschäftshaus, heute »Mode Fabel«, befindet sich noch immer im Eigentum der Erbengemeinschaft Kapferer. An der der Salzstraße zugewandten Seite des Hauses erinnert eine Inschrift an den Geschäftsgründer Franz de Paula Kapferer.

3. Fremde in Freiburg

Nicht alle, die auf dem Alten Friedhof ihre letzte Ruhe gefunden haben, stammen aus alteingesessenen Adelsgeschlechtern oder Bürgerfamilien. Der heutige Besucher findet dort auch Gräber von Menschen, die nur vorübergehend mit der Stadt verbunden waren.

Auf einer schlichten, am oberen Ende abgebrochenen Marmorsäule ist ein Name eingemeißelt, der den Musikliebhaber aufmerken läßt: **Bertha Mendelssohn-Bartholdy, geb. Eißenhardt** (1848–1870) [45]. Sie war die Schwiegertochter des Komponisten Felix Mendelssohn-Bartholdy, der in jungen Jahren selbst kurz in Freiburg gewesen war. Dazu Ingeborg Krummer-Schroth:

Bertha Mendelssohn-Bartholdy, die Schwiegertochter des bekannten Komponisten, starb als junge Frau im Kindbett.

»Es gibt aber auch Musik, die Freiburg ihre Entstehung verdankt, wie das »Freiburger Allegretto«, das Felix Mendelssohn-Bartholdy am 22. April 1837 in dem Breisgau-Städtchen komponierte. Er verlebte glückliche Frühlingstage mit seiner jungen Frau Cécilie auf der Hochzeitsreise im Hotel »Zähringer Hof«, dem eleganten Gasthof, in dem später auch Victor Hugo wohnte (heute Kaufhof) ...«.[1] Nach vielen Jahren kam auch sein Sohn mit seiner jungen Frau hierher, da ihn das badische Ministerium als ordentlichen Professor der neueren Geschichte 1868 an die Universität berufen hatte. Das Schicksal wollte es, daß seine Frau Bertha, eine gebürtige Mannheimerin, nur kurze Zeit später, am 30. März 1870 mit knapp zweiundzwanzig Jahren im Kindbett starb.

Auf einem Grabstein mit gußeisernem Kreuz kann man die Inschrift lesen »Hier ruht **Johann Karl Knie** – Direktor einer Künstlergesellschaft – geboren den 12. August 1813 in Wien, gestorben den 7. Dezember 1860 – Friede seiner Asche –«[46]. Es handelt sich hier um einen Vorfahren des Schweizer National-Circus Knie. Johann Karl Knies Vater, der als Begründer der Knie-Dynastie gilt, wurde 1784 als Sohn des Leibarztes der Kaiserin Maria Theresia geboren. Wie sein Vater begann er Medizin zu studieren, verliebte sich aber während seiner Studien in Innsbruck in den Star einer Kunstreiter-Gesellschaft, brach daraufhin kurz entschlossen sein Medizinstudium ab und schloß sich 1803 als Neunzehnjähriger dieser Artistengruppe an. Das Jahr 1803 wurde damit zum Gründungsjahr einer der berühmtesten Circusdynastien der Welt.[2] Obwohl das Liebesabenteuer rasch ein Ende nahm, blieb Friedrich Knie bei dem Entschluß, seinen Lebensweg als fahrender Künstler zu suchen. Er löste sich von der Truppe und gründete ein eigenes Seiltänzer- und Künstlerunternehmen. 1807 kehrte er nach Innsbruck zurück, um den Bürgern dieser Stadt zu zeigen, was aus dem ehemaligen Medizinstudenten geworden war. Auch diesmal war Liebe im Spiel. Sie galt Antonia, der Tochter des Baders Stauffer, der die Heirat seiner Tochter mit dem fahrenden Künstler unbedingt verhindern wollte und sein Kind ins Kloster schickte. Doch Friedrich Knie machte das Kloster ausfindig, entführte Antonia in einer stürmischen Nacht, und noch im gleichen Jahr fand die Hochzeit statt. Bereits 1828 erhielt er den Handwerkerbrief von der Stadt Rapperswil am Zürichsee, die zum ständigen Wohnsitz der Familie Knie wurde. Nach seinem Tod avancierte sein dritter Sohn, Karl, zum Direktor der Seiltänzerge-

Mit hoher Bewilligung.

Grosser Schauplatz der akrobatischen Tänze.

Heute und die folgenden Tage wird

Die Familie Knie, Vater und Söhne,

die 1828 allhier,
auf dem englischen elastischen Seile, nach Art der Herren Casorti, Ravell, Chiarini und Madame Sacki,

in akrobatischen Tänzen

große

brillante Vorstellungen

zu geben die Ehre haben, und hofft, hier, in der freien Schweiz, wie in andern Städten Deutschlands, wo ihre Vorstellungen mit allgemeinem Wohlgefallen aufgenommen wurden (wegen ihrer ausserordentlichen Gewandtheit) mit Beifall beehrt zu werden. Sie bittet die Verehrer der Kunst auch ihr Dero Wohlwollen zufließen zu lassen und sie gütigst besuchen zu wollen.

Erste Abtheilung

Tänze auf dem gespannten Seile mit der Balancierstange.

Die vierjährige Klara Knie wird einen Tanz de Graszia ausführen.
Knie, junior, wird einen schönen Poloneser darstellen.
Knie, senior, den Tanz mit grossen Körben.
Herr Franz Knie wird ein Pas à la Fra Diavolo tanzen.
Große Produzierung durch Herrn Karl Knie, der die schwersten Exercitien darstellen und das indianische Stuhlsteigen auf dem Seile vorstellen wird, was einzig in seiner Art ist.

Zweite Abtheilung.

Tänze auf dem gespannten Seil ohne Balancierstange.

Herr Knie, junior, wird verschiedene Exercitien mit den Fahnen produzieren und Reifspringen und die Cavotte de vestris darstellen; dann das Jongliren mit Aepfeln und Gabeln und das Becher- und Thalerwerfen produzieren.
Zum Schluß: Die Allemande à deux, im Schweizeranzuge, auf zwei neben einander aufgespannten Seilen, durch die Gebrüder Knie aufgeführt.
Der Komiker wird auch das hochgeehrte Publikum unterhalten.

Dritte Abtheilung.

Zum Schluß: Die große Ascension, oder Besteigung des hohen Seils auf die Spitze eines hohen Hauses.
Karl Knie, der erste Akrabate in Europa, genannt der Unvergleichliche, wird auf diesem Seile mit außerordentlicher Leichtigkeit und Grazie hinauf- und herabspazieren, indem er die Bahn dieses Seils von 300 Schritten mit einer an's Unglaubliche grenzenden Schnelligkeit, und zwar in einer Minute, durcheilen und zurücklegen wird; der übrigen noch nicht gezeigten Stücke und seltener Kunstfertigkeit nicht zu gedenken.
Da der Künstler wegen seiner ausserordentlichen Fertigkeit in dieser Kunst der erste in Europa ist, so bietet er Demjenigen, der einen Künstler dieser Art gesehen hat, welcher ihn an Fertigkeit übertrifft, eine Belohnung von zehn Carolin an.

Der Tag der Vorstellung wird durch Paradereiten der Trompeter bekannt gemacht.

Täglich wird die Familie Knie ihre Vorstellung mit ganz neuen Stücken, sowohl im Seiltanzen und Springen, als auch in der hohen Ascension eröffnen.

Der Schauplatz ist vor dem ~~Scheibener Thor, bei der neuen [illegible] Schule.~~

Der Anfang ist um 6 Uhr Abends.

1ster Platz 3 Batzen. — 2ter 3 Batzen. — Ausserhalb des Kreises 1 Batzen, und an den Fenstern wird das Geld von den verehrten Kunstgönnern durch Madame Knie höflichst abgeholt à 3 Bz. für die Person.

Wegen der hohen Ascension kann keine Bude gebaut werden, der Cirkus ist frei, und mit gut belegte Tuch-Plätze eingereiht.

sellchaft; mit seiner Frau Anastasia und seinen sieben Kindern bestritt er das Programm und versuchte es zu erweitern. Die älteste Tochter heiratete den berühmten Artisten Eugen Blondin, einen Bruder des tollkühnen Seiltänzers Emil Blondin, der 1859 als erster die Niagarafälle auf einem 355 Meter langen Seil überquert hatte. Karl Knie stürzte im Dezember 1860 in Freiburg auf dem Münsterplatz vom hohen Seil und starb an den Folgen des Sturzes. Die Familie, die in Freiburg häufig aufgetreten war, hatte immer ein Seil vom Münsterturm zu einem der umliegenden Häuser gespannt. Nach mündlicher Überlieferung sollen die Freiburger Kinder oft gerufen haben: »Knie, Knie, wenn de nabkaisch dann bisch hi«.

In einem nach dem Tod aufgenommenden Protokoll steht zu lesen: »Außer zwei alten Pferden, von denen eines blind ist, einem schadhaften Omnibus, einem alten Leiterwagen und Theaterrequisiten ist kein nennenswerter Besitz vorhanden. Geld und Silber wurde zur Bezahlung der Beerdigungskosten verpfändet.«(3) Nach Auskunft der Familie war eine Versiegelung der Fahrnisse unmöglich, da sie gleich wieder weiterfahren müßten, um ihren Lebensunterhalt zu verdienen. Sie hätten an ihre Verwandten wegen Geld geschrieben.

Heute leiten die Urenkel Fredy und Rolf Knie (Jahrgang 1920 und 1921) zusammen mit ihren Söhnen den Schweizer National-Circus, bei dessen Auftritten sich inzwischen schon Sprößlinge aus der siebten Generation in der Manege präsentieren.

Als im Jahre 1830 die **Gräfin Marie de Colombi** (1782–1872)[47] mit ihrer Tochter **Maria Antonia Gertrudis** (1809–1863)[47] in der Stadt um das Bürgerrecht nachsuchte, war das für die Freiburger sicher eine Sensation. Noch eingehender beschäftigten sich die Gemüter der Bürger mit den Colombis, als die Tochter, die früh verwitwet war, nach dem Tod ihres Mannes, mit dem sie in Brüssel, Lissabon, Paris und Wien gelebt hatte, mit ihren Kindern nach Freiburg zurückkehrte und sich hier mit dem Colombischlößle eine herrschaftliche Villa erbauen ließ. Die außergewöhnlichen Lebensumstände und der unermeßliche Reichtum der Colombis führten bald zu den phantastischsten Spekulationen über die Familie. Man munkelte in Freiburg, daß ein solches Vermögen nur durch Sklavenhandel erworben sein könne.

Die Familiengeschichte ist außergewöhnlich. Die alte Gräfin Marie de Colombi war eine geborene Baronin von Bode. Sie hatte einen deutschen Vater und eine englische Mutter. Bis zur französischen Revolution lebte die Familie nach dem Ausscheiden des Vaters aus dem aktiven Militärdienst auf ihren Besitzungen im Elsaß, floh dann aber nach St. Petersburg. Im Alter zog es nun die Gräfin wieder an den Oberrhein zurück. Ihre aus der Ehe mit dem spanischen Generalkonsul Graf Antonio de Colombi y Payet stammende Tochter Maria Antonia Gertrudis heiratete 1832 in der Freiburger Martinskirche den spanischen Diplomaten Salvador de Zea Bermudez. Mit ihm lebte sie, wie bereits erwähnt, einige Jahre im Ausland, kehrte dann aber als Witwe nach Freiburg zurück. Nur kurze Zeit war es der Gräfin von Zea Bermudez und Colombi vergönnt, ihren neuerbauten Wohnsitz, das »Colombischlößle« zu genießen. Sie starb am 6.8.1863. Ihr Testament beginnt mit den Worten: »Sollte es mir nicht vergönnt sein, in Rom an der Seite meines lieben Gatten zu ruhen oder in Malaga neben meinem Sohn oder in Rußland an der Seite meines Vaters oder etwa in der Kapelle unserer Ahnen auf dem Friedhof Père Lachaise in Paris, so wünsche ich, daß meine vier Kinder in Freiburg einen Fleck Erde für mein Grab kaufen und daß ein schlichter Stein den Platz kennzeichne, wo meine sterblichen Reste ruhen.«(4) Eindrucksvoll ist die Auflistung des hinterlassenen Vermögens: Liegenschaften im Wert von 129 000 Gulden, ein riesiges Barvermögen, Schmuck, dessen Aufzählung sieben Seiten füllt und einen Wert von 12 000 Gulden hat, des weiteren unter anderem eine umfangreiche Bibliothek und ein wohlgefüllter Weinkeller mit rund 1 000 Litern 1861er und 1862er und etwa 150 Flaschen Südwein.

Schon bald folgte ihr ihre Tochter **Christine** (1841–1866)[47] ins Grab nach. Christine von Zea Bermudez und Colombi starb als junges Mädchen kurz vor ihrer Hochzeit mit einem Grafen von Kageneck. Als im Jahre 1872 auch die Großmutter, die alte Gräfin Marie Co-

Drei Generationen der Colombis auf dem Alten Friedhof vereint.

lombi starb, bettete man sie ebenfalls auf dem Alten Friedhof zur letzten Ruhe, so daß der Besucher des Friedhofs heute drei Generationen der Colombis beieinander vereint findet.

Die übrigen Familienmitglieder waren in alle Winde verstreut. Der Bruder der alten Gräfin Marie von Colombi beispielsweise diente als Kaiserlich-russischer Hofmarschall in Moskau und Oberinspektor der Sammlungen im Kreml. Seine Töchter waren die späteren Fürstinnen Obolenski und Wjäysemskij.

Anne Livingstone Power (1849–1856)[48] kam mit ihrer Familie in die Stadt, die ihr aber kein Glück brachte. Ihr Vater, der englische Gouverneur der Karibikinsel St. Lucia, hatte von seinem Arzt eine Kur in Freiburg empfohlen bekommen. Die Familie wohnte während ihrer Freiburger Zeit im heutigen AEG-Haus (vorher Merian-Sautiersches Haus) am Siegesdenkmal. Wie Graf Kageneck erzählt, in dessen Familie die Schwester des kleinen Mädchens hineingeheiratet hatte, war Anne in ein Bächle gestürzt und hatte sich eine Lungenentzündung geholt, die sie nicht überlebte.

Sie ist nicht die einzige aus ihrem Land, die in Freiburg die letzte Ruhe gefunden hat. Ihr Landsmann, der Architekt und Kunsthistoriker **William Barnard Clarke** (1806–1865)[49], hatte von Dr. Bader, Sohn des Gastwirts »Zum Schiff«, dessen Anwesen in der Littenweilerstraße gekauft.(5) Bader war wegen seiner aktiven Beteiligung an der 48er Revolution nach England geflohen, hatte sich dort als Arzt niedergelassen und eine Engländerin, die Schwester von W. B. Clarke, geheiratet. Da er nicht mehr in Freiburg leben konnte, verkaufte er sein Anwesen an seinen Schwager. Clarke ging 1850 nach Freiburg und baute sich das Haus Littenweilerstraße 40a als Herrenhaus mit einer Säulenfassade um. Im Nachbarhaus Nr. 40 schuf er die geeigneten Räumlichkeiten für seine große Gemäldesammlung. In jungen Jahren war er an Ausgrabungen in Pompeji und Herculaneum beteiligt gewesen, hatte ein Werk über diese Arbeiten verfaßt und eine große Kunstsammlung zusammengetragen. Bronze-Statuetten aus dem Nachlaß der Familie Clarke sind heute im Besitz des Landesmuseums Karlsruhe.

Die Stadt Freiburg schloß 1896 mit der Witwe von W. B. Clarke einen Kaufvertrag über den Ankauf eines Teils der Sammlung mit einem Wert von 127.000 Mark. Diese bildet einen wesentlichen Bestandteil der Gemäldesammlung des Augustinermuseums. Das Anwesen wurde 1972/73 durch Neubauten ersetzt. Das alte Herrenhaus existiert nicht mehr. Nur der Name »Engländer-Loch« für die ehemalige Brunnenstube, aus der die beiden Häuser bis zum Anschluß an die Städtische Wasserversorgung versorgt wurden, erinnert noch an den Hausherren W. B. Clarke.

Es wird wohl immer ungeklärt bleiben, warum **Edmund Junius Hardcastle** Captain in the 53rd Regiment Bengal native Infantry and Assistant to the Governor General's Political Agent in Rajpootana [50] nach Freiburg kam, und was die Ursache seines Todes war. Besuchte er die Stadt als Tourist oder erhoffte er sich von seinem Aufenthalt Heilung einer Krankheit? Wie der zweite Teil der Inschrift auf seinem Grabstein verrät, starb er am Sonntagmorgen, den 16. Mai 1858, im Alter von nur 33 Jahren, nachdem er auf Krankheitsurlaub nach Europa zurückgekehrt war. Laut Auskunft des National Army Museum in London muß er aus einer wohlhabenden, höhergestellten Familie stammen, da er in ihrem Archiv in Burke's Landed Gentry, einer Liste von vornehmen Familien, Lords und Herzögen aufgeführt ist.

Es würde zu weit führen, die Namen aller auf dem Alten Friedhof begrabenen Engländer aufzuzählen und ihren Schicksalen nachzugehen. Ihre große Zahl zeigt aber, daß Freiburg im 19. Jahrhundert vor allem von wohlhabenden englischen Landsleuten, die ja große Reiseaktivitäten entwickelten, besucht wurde – wobei Freiburg offenbar bereits »touristische Attraktion« war.

Schon bald hatten sie einen eigenen Geistlichen für ihre Gottesdienste und konnten im März 1894 sogar ihre eigene Kirche St. George and St. Boniface in der Brombergstraße einweihen, die heute noch erhalten ist.

4. Künstler, Gelehrte, Verleger

Eine Reihe von Namen, die der Besucher des Alten Friedhofs lesen kann, erinnern an Persönlichkeiten, die im Leben der Stadt Freiburg einst als Künstler, Universitätsprofessoren, Gelehrte, Verleger oder Politiker eine Rolle spielten.

Zu ihnen gehört vor allem **Johann Christian Wentzinger** (1710–1797)[17], der bedeutendste unter den Rokokokünstlern am Oberrhein. Er kam 1710 auf der Herrenmühle in Ehrenstetten zur Welt, erhielt seine Ausbildung in Rom, Straßburg und Paris, kehrte anschließend in den Breisgau zurück, wo er sich später in Freiburg niederließ. Mit dem durch seine Tätigkeit erworbenen großen Vermögen war es ihm möglich, hier in bevorzugter Lage der Stadt, auf dem Münsterplatz sein Haus zu errichten, das als das schönste erhaltene Bürgerhaus des 18. Jahrhunderts in Freiburg gilt. Er gestaltete dieses »Haus zum schönen Eck«, nach dem Erbauer auch »Wentzingerhaus« genannt, als kleines Barockpalais. Ein derart repräsentativer Stadtsitz hätte zur damaligen Zeit in der Regel das Wappen seines Besitzers an der Fassade zur Schau gestellt. Wentzinger war aber nur der Sohn eines einfachen Müllers aus dem Breisgau. An Stelle des Wappens brachte er daher am schmiedeeisernen Balkongitter sein Selbstbildnis an – ein Zeichen künstlerischen Selbstbewußtseins. Ein Beispiel seines Schaffens ist vermutlich das Kreuzigungsrelief über der Sakristeitür in der Michaelskapelle auf dem Alten Friedhof, das dort allerdings inzwischen durch eine Kopie ersetzt wurde, da das Original ins Augustinermuseum gebracht wurde. Weitere Kunstwerke Wentzingers in Freiburg sind die Figuren der vier Jahreszeiten im Schloßpark zu Ebnet (inzwischen Kopien), das barocke Grabdenkmal des österreichischen Generals Franz Christian Joseph von Rodt an der südlichen Hochchorwand im Münster und der Entwurf des schönen Taufbeckens in der Stürzelkapelle im Chorumgang, den Joseph Hör und A. X. Hauser (1712–1772) ausführten. An seinem wie eine antike Tempelfassade gestalteten Grabstein läßt sich Wesentliches über Leben und Schaffen des Künstlers ablesen. Der Grabspruch »Er durchlebte ein Jahrhundert, durch ihn leben Jahrhunderte« weist in seinem ersten Teil auf das hohe Alter hin, das Wentzinger erreichen konnte. Der zweite Teil bezieht sich weniger auf seine künstlerische Leistung, als auf seine großherzige Stiftung für das Armenspital, dessen Umbau er geleitet hatte und dem er 70 000 Gulden hinterließ. Er setzte damit das Werk der Bürgermeisterstochter Katharina Egg fort, die in ihrem Testament den größten Teil ihres Vermögens für ein neues Armenspital bestimmt hatte. Ihr dringlicher Wunsch war, daß die Armen ein besseres Haus und Behandlung durch fachkundige Ärzte erhalten sollten. Bis zu ihrem Tod 1767 besuchte sie fast täglich die Armen im Spital, das sich damals in der Gerberau 34 im Haus »Zum unteren Pflug« (heute Firma Betten-Stiegeler) befand. Dabei lernte sie die große Not dort kennen. Nach Berichten war es »durch den daran vorbeifließenden Bach feucht, Schuhe, Betten, Strohsäcke und Kleider verschimmelten und vermoderten, und die Räume waren so klein und eng, daß man kaum darin stehen konnte.«[(1)]

Außerdem hatte Freiburg damals zwar eine mediziniche Fakultät an der Universität, aber kein Krankenhaus, in dem die Studierenden Erfahrungen sammeln konnten. Andererseits bestand die medizinische Versorgung der Kranken im Spital nur in der Behandlung durch den »Stadtphysikus«. Das Können der Universitätsprofessoren kam ihnen nicht zugute. Von der Universität war daher auf Anregung des aus Wien kommenden Professors Bader der Vorschlag gekommen, ein Städtisches Krankenhaus einzurichten, dessen ärztliche Versorgung zusätzlich zum Stadtphysikus von der Universität erfolgen sollte. Eine solche Lösung hatte Professor Bader in Wien kennengelernt. Katharina Egg fand diesen Vorschlag sehr unterstützenswert und finanzierte von ihrem Geld daher Behandlungskosten durch Universtitätsprofessoren für die Kranken im Spital in der Gerberau. Ihr Wunsch, daß der Vorschlag der Universität auf Errichtung eines städtischen Spitals nach neuem Modell geplant und durchgeführt werde, war bis zu ihrem Tod nicht verwirklicht. Erst 1775 setzte gerade Johann Christian Wentzinger das Anliegen von Katharina Egg, die er sehr verehrt hatte und – wie man sagt – auch heiraten wollte, in die Tat um. Die Voraussetzungen dafür waren dadurch gegeben, daß aufgrund eines Erlasses der Kaiserin Maria-Theresia Bedenken des Stadtrats und Widerstand des amtierenden Stadtphysikus aus dem Weg geräumt waren. Das neue Spital entstand in der Pfaffengasse (heute Herrenstraße). Johann Christian Wentzinger hatte erfahren, daß dort das ehemalige Studentenkollegium Sapienz (heute Pochadt & Höhne) zum Verkauf anstand. Auf seinen Vorschlag kaufte der Rat der Stadt das Anwesen mit dem Geld der Katharina Egg. Die Leitung des Umbaus übernahm Johann Christian Wentzinger. Damit erhielt »Freiburg zum ersten Mal ein Krankenhaus mit 30 Betten und darin wurden schon einige Schwerpunkte der Krankenversorgung berücksichtigt, nämlich die medizinische, chirurgische und geburtshilfliche Versorgung.«[(2)]

Als zu Beginn des 19. Jahrhunderts dieses Spital den Anforderungen nicht mehr genügte, verkaufte es der Stadtrat und errichtete mit dem Erlös und dem von Katharina Egg und Wentzinger hinterlassenen Stiftungsvermögen ein neues Klinikum auf dem Gelände zwischen der heutigen Habsburger-, Albert-, Merian- und Rheinstraße, das bis zur Bombennacht des 27. November 1944 bestand.

Auch für den Neubau der Universitätskliniken an der Hugstetter-/Heiliggeiststraße stellte die Stiftung Gelände und Bargeld zur Verfügung. Zwei Fünftel der Finanzierung der klassischen Einrichtungen gingen zu Lasten der Stadt, drei Fünftel bezahlte das Land. Wegen der schlechten Finanzlage Freiburgs nach dem Zweiten Weltkrieg wurden diese Verträge geändert. Heute gehören alle ursprünglichen Vermögensanteile nicht mehr der Stadt, sondern dem Land Baden-Württemberg. So hat die Stadt Freiburg kein städtisches Krankenhaus.

An die Stifter Katharina Egg und vor allem an Johann Christian Wentzinger erinnerte noch lange das von ihnen im Testament erbetene tägliche Gebet in den Krankenzimmern.

Der Armenarzt Dr. Staravasnig († 1792) in einer Krankenstube dargestellt.

Leiter des Armenspitals, um das sich Johann Christian Wentzinger so verdient gemacht hat, war sein Freund **Georg Carl Staravasnig** (1748–1792)[51], zu Stein im Herzogtum Krain geboren, in Wien Doktor der Medizin und Philosophie geworden, 1774 an den Lehrstuhl für Physiologie und Arzneimittellehre der Freiburger Universität berufen. Er starb schon im Alter von 44 Jahren an einer ansteckenden Krankheit, die er sich bei der Ausübung seines Berufes zugezogen hatte. Seine Beliebtheit läßt sich an dem Eintrag im Nekrolog der Universitätsmatrikel ablesen: »Als 1792 der Professor der Medizin und Spitalphysikus Staravasnig starb und beigesetzt wurde, beteiligten sich unzählige Leute aus allen Ständen, meist Arme, die bitterlich weinten«.(3) Seine Freunde setzten ihm ein Denkmal mit einem Grabstein, auf dem er bei der Ausübung seines Berufes am Lager eines Kranken dargestellt ist und damit der Nachwelt in Erinnerung bleiben sollte. Mit großer Liebe zum Detail ist jede Einzelheit einer Krankenstube des 18. Jahrhunderts wiedergegeben. Die subtile künstlerische Gestaltung, beispielsweise der leidende Ausdruck im Gesicht des Patienten, lassen auf einen sehr fähigen Bildhauer schließen.

Man vermutet, daß der Entwurf von Wentzinger stammt – der ja ein Freund Staravasnigs war –, wohl aber nicht mehr die Ausführung. Diese könnte ein Werk seines Schülers Franz Anton Xaver Hauser sein.

Bei weitem nicht so ausdrucksvoll und daher auch weniger bekannt ist das Grab des Mediziners **Professor Alexander Ecker** (1766–1829)[52]. Er stammt aus der Familie Strobel-Mederer-Ecker, in der »150 Jahr lang Schwiegervater und Schwiegersohn, Vater und Sohn einander im Lehramt ablösten.« Wie Engelbert Krebs schreibt, ist es beachtenswert, daß auch »im Gelehrtenberuf dieselbe Einheirat« geübt wurde, wie sie als Bedingung für die Zulassung als Bürger bei Handwerkern und Kaufleuten galt.(4)

Die Tochter des Stadtsyndikus Strobel, der seit 1735 Lehrer der Medizin an der Universität Freiburg war, heiratete den später berühmt gewordenen Chirurgen Matthäus Mederer. Als dieser 1773 als Professor der Chirurgie und Geburtshilfe an die Freiburger Universität berufen wurde, waren Medizin und Chirurgie noch scharf getrennt und letztere ausschließlich in den Händen von Barbieren und Badern. Die Chirurgie galt als Handwerk, und auch ein Professor der Chirurgie war den übrigen Lehrern der medizinischen Fakultät nicht gleichgestellt. Matthäus Mederer hat wesentlich dazu beigetragen, daß die Chirurgie als medizinische Wissenschaft anerkannt wurde. Für seine Verdienste bei der Bekämpfung der »Hundswuth« (Tollwut) wurde er von Kaiser Josef II. zum Edlen von Wuthwehr geadelt und 1773 als K.K. Oberst-Feldarzt nach Wien berufen. Die Grabplatte für seinen jung verstorbenen Sohn **Matthäus von Mederer Wutwehr** († 1797)[53] befindet sich in der Vorhalle der Friedhofskapelle.

Seine älteste Tochter heiratete den in Böhmen geborenen Alexander Ecker, der Nachfolger Mederers wurde und dessen Hauptverdienste die Einführung der Kuhpockenimpfung und die Errichtung eines Hospitals in Freiburg waren. Er hatte eine Schrift verfaßt mit dem »barocken« Titel: »Die Kuhpocken und deren Einimpfung, ein mehr als wahrscheinliches, leichtes und gefahrloses Mittel gegen die Kinderblattern für Freiburgs und

Breisgaus Eltern«(5). Dieses Büchlein widmete er Gräfin Augusta von Kageneck, die als eine der ersten Mütter den Mut hatte, ihre Kinder impfen zu lassen.

Über seine berufliche Tätigkeit hinaus war Professor Ecker ein sehr vielseitiger Mann. So traf er sich regelmäßig mit einem Kreis Gleichgesinnter in Heitersheim im »Poetenwinkel«. Zu diesem Kreis gehörten auch der Kanzler des Malteserordens in Heitersheim Josef Albert von Ittner, dessen früh verstorbener Sohn **Franz von Ittner** (1787–1823)[54] ebenfalls auf dem Alten Friedhof begraben ist, wie auch der Dichter Johann Georg Jacobi, zugleich Professor für Ästhetik, sowie der Orientalist und Professor der Theologie **Leonhard Hug** (1765–1846)[55] und der Staatsrath Freiherr von Baden.

Der älteste Sohn von Alexander Ecker, **Matthäus Alexander Franz Ecker** († 1808)[52], starb als Kind an Scharlach. Seine Grabplatte befindet sich heute neben der des einzigen Sohnes von Johann Georg Jacobi [20] an der Westinnenwand der Michaelskapelle.

Eckers jüngster Sohn war der bekannte Anatom Alexander Ecker (1816–1887), der als Begründer der Freiburger Anatomie gilt und dessen Denkmal heute noch hinter der Medizinischen Universitätsklinik steht. Er schildert in seinen autobiographischen Aufzeichnungen auch ein Stück Klinikgeschichte: nämlich, daß für die Freiburger Anatomie zunächst weder Hörsaal noch Sezierraum vorhanden waren, später ein Provisorium im Nordflügel der alten Universität (heute Neues Rathaus) eingerichtet wurde, bevor 1866 mit einem Anatomieneubau in der Rhein-/Merianstraße begonnen werden konnte. Die dafür notwendige Grundstücksbeschaffung beschreibt er so: »Die Universität besaß nun ein großes Rebgut unmittelbar vor der Stadt ... Es geschah dies aber keineswegs leichten Herzens und es ist nicht zu bezweifeln, und wohl zu entschuldigen, wenn manche Professoren, wenigstens von den nicht der medicinischen Fakultät angehörenden, weit lieber auf eine neue anatomische Anstalt verzichtet, als das Rebgut veräußert hätten; denn gar viele liebgewordene Gewohnheiten hingen damit zusammen. Nach althergebrachter Weise erhielt jeder ordentliche Professor einen Theil seiner Besoldung in Natural-Lieferung von Wein ... Da man dieses Quantum billigerweise nicht allein bemeistern konnte, so verkaufte man einen Theil davon ... Zu Anfang des Winters wurde jeweils, nachdem Quantität und Qualität des letzten Herbstes festgestellt war, die sogenannte Mischung der Competenz (Zuweisung) für das nächste Jahr gemacht, wozu eine besondere Sitzung der Wirthschafts-Deputation ... bestimmt war, in welcher ein kleines Souper servirt und die Weine geprüft wurden. Die Weinlese selbst war, insbesondere für die Familien der Professoren ein sehr erwünschtes Fest. Trotz alledem erhob sich keine einzige Stimme gegen den Verkauf, ... und nahm die Sache einen raschen Verlauf ... Am 24. Juni 1866 wurde der erste Spatenstich gethan.«(6)

Nicht weit vom Grab Staravasnigs entfernt liegt das des ebenfalls wegen seiner Verdienste von Kaiser Josef II. geadelten Arztes **Carl Anton von Rotteck** († 1791)[56]

Weitaus berühmter wurde jedoch sein im gleichen Familiengrab bestatteter Sohn, **Hofrat Carl von Rotteck** (1775–1840)[56], der liberale Kämpfer und Politiker des Vormärz, der berühmte Staatsrechtler und Historiker. Mit 23 Jahren war er Professor für Weltgeschichte an der Freiburger Universität geworden und schrieb in den folgenden Jahren eine mehrbändige Weltgeschichte, die im Bücherschrank einer jeden bürgerlichen Familie zu finden war. 1818 vertauschte er den Lehrstuhl der Geschichte mit dem der Staatswissenschaften und des Naturrechts. Neben der Lehrtätigkeit und seinen parlamentarischen Verpflichtungen – er war 1819 in der 1. Badischen Kammer als Abgeordneter der Stadt, 1828 in der 2. Badischen Kammer als Abgeordneter der Landwahlbezirke Endingen und Kenzingen – wurde er immer mehr politisch und literarisch tätig und geriet damit in Konflikt mit der Regierung. Unter Berufung auf das Naturrecht und ganz im Sinne des Liberalismus verlangte er Pressefreiheit, Aufhebung der Staats- und Herrenfrohnden und der mit der Leibeigenschaft verbundenen Abgabe. Seine mit den Professoren Karl Theodor Welcker und **Johann Georg Duttlinger** (1788–

Hofrat Carl von Rotteck († 1840).

1841)[57], auch auf dem Alten Friedhof begraben) herausgegebene liberale Zeitung »Der Freisinnige« wurde verboten. 1832 wurden Welcker und Rotteck wegen ihrer oppositionellen Haltung vorübergehend von der Regierung pensioniert. Sie begannen anschließend mit der Herausgabe des berühmten »Staatslexikons«. 1833 wählten die Freiburger Rotteck zum Bürgermeister. Die Wahl wurde jedoch von der badischen Regierung nicht bestätigt. Die Freiburger mußten sich auf seinen Neffen Josef von Rotteck einigen.

Vermutlich wissen die wenigsten Freiburger, daß Rotteck neben seiner wissenschaftlichen und politischen Arbeit auch als Landwirt tätig war. 1810 erwarb er das Bauerngut Schönehof in der Nähe der Zähringer Burg, weil er sich in frischer Landluft Genesung von einem Nervenleiden erhoffte, aber auch wegen seiner besonderen Naturverbundenheit als echter Mensch der Aufklärung und Anhänger Rousseaus. »Zum Schönehof gehörten ringsum 60 Morgen Ackerland, 24 Morgen Wiesen, Baum- und Gemüsegarten, 46 Morgen Waidfeld und an die 60 Morgen Waldungen. Ein reichhaltiger Viehbestand mit Ochsen, Kühen, Kälbern, Schafen, Schweinen, Hühnern, Enten, Gänsen, Truthühnern, drei Geißen und drei Eseln – doch eigenartigerweise kein einziges Pferd – füllte die Ställe.«(7)

Nur die Bezeichnung »Rottecksruhe« erinnert heute noch daran, wo der Schönehof stand. Durch das für ihn errichtete Denkmal vor dem Kollegiengebäude II der Universität, das Rotteckgymnasium und den Rotteckring ist für die heutigen Bürger sein Gedenken gewahrt. Dort, wo er ehemals wohnte, befindet sich heute das Verkehrsamt der Stadt Freiburg in einem Gebäude, das Dr. Joseph Schlippe 1936 anstelle des Rotteckhauses erbaut hatte.

Verleger des liberalen Politikers Rotteck war **Bartholomä Herder** (1771–1839)[58], der Gründer des gleichnamigen Verlags, dessen Grab an der Nordwand des Alten Friedhofs liegt. Er wurde in Rottweil a.N. geboren, eröffnete nach Abschluß seiner Ausbildung zunächst eine Schulbuchhandlung in seiner Heimatstadt, wurde 1801 von Fürstbischof Karl Theodor von Dalberg zum

Bartholomä Herder († 1839), Gründer des gleichnamigen Verlags.

fürstbischöflichen Hofbuchhändler und Buchdrucker in Meersburg, dem Sitz des Konstanzer Bischofs, bestellt. Nach der Säkularisierung siedelte Herder mit seinem Verlag nach Freiburg über. Dort konnte er zunächst durch Pachtvertrag die Buch- und Kunstdruckerei des Klosters St. Blasien übernehmen, die nach der Aufhebung des Klosters der Universität Freiburg überlassen wurde. Herder war eine außergewöhnliche Unternehmerpersönlichkeit. Nach dem Sturz Napoleons ging er als Buchdrucker an die Brennpunkte der europäischen Politik, nach Paris und Wien. Er gründete das Herdersche Kunstinstitut, eine kartographische Anstalt und eine Reihe von Niederlassungen, so auch ein Filialgeschäft in Paris, die »Librairie Franco-Allemande«. Herder war aber nicht nur ein guter Geschäftsmann, sondern auch aufklärerisch gesinnt. Er hatte sich zum Ziel gesetzt, »Als gelernter Buchhändler durch Verbreitung guter Schriften in das Leben einzugreifen«.(8)

Der Verlag wird seit 1963 von Dr. Hermann Herder geleitet und zählt augenblicklich zusammen mit den ihm angegliederten Verlagen Christophorus, Alber und Ploetz zu den wichtigen Verlagen im deutschen Sprachraum. Zu dem Unternehmen gehören ein graphischer Großbetrieb, 15 Herder-Buchhandlungen in der Bundesrepublik, sowie Vertretungen in Wien, Basel und Rom.

Im Jahre 1986 verlegte die Firma Poppen & Ortmann ihren Druckerbetrieb aus der Innenstadt in das neben dem Gebäude des Badischen Verlags neuerrichtete Druck- und Verlagshaus an der Unterwerkstraße. Begründer der Firma, allen Freiburgern als Mitherausgeber der Badischen Zeitung, durch den Freiburger Almanach und das kleine Freiburger Telefonbuch ein Begriff, war **Hermann Meinhard Poppen** (1796–1864)[59]. Er wurde neben seiner Frau **Barbara** Auguste, geb. Kohlermann (1800–1861), auf dem Alten Friedhof beigesetzt. Der aus Aurich in Ostfriesland stammende Buchdrucker war zunächst in Heidelberg beschäftigt. Dort lernte er seine Frau kennen, über deren Vorfahren die Familienchronik zahlreiche Geschichten zu berichten weiß. Die Chronik geht zurück bis zur alten Ahnfrau Eveline von Greiner aus Heilbronn, die 1777 ihr Herz an einen Bürgerlichen verloren hatte, deren Glück aber nur kurz währte, da ihr Mann bald nach der Hochzeit von den Räuberbanden des Schinderhannes im Odenwald ermordet wurde.

1829 kam Hermann Meinhard Poppen mit Frau und Kindern nach Freiburg, um dort als Geschäftsführer die Universitätsdruckerei der Gebrüder Groß zu leiten, die er 1846 selbst erwarb. Bald darauf kaufte er das Haus »Zum Pfirsichbaum« in der Grünwälderstraße 4, das für die Familie gleichzeitig Heim und Arbeitsstätte wurde. Mit dem Erwerb der 1784 gegründeten »Freiburger Zeitung«, deren Herausgabe er 1862 übernahm, erweiterte sich sein Tätigkeitsfeld beträchtlich. Nach Ansicht des Sohnes war die »mißliche Politik«[9], mit der sich Hermann Meinhard Poppen als Herausgeber seines liberal orientierten Blattes befassen mußte, Ursache für den frühen Tod des Vaters. Nachfolger wurde Sohn Eduard Poppen, der zur bestehenden Druckerei mit Zeitungsverlag noch das Fincksche Haus, Kaiser-Joseph-Straße 119, hinzuerwarb. Das Zusammenfügen der beiden Anwesen, vor allem aber der Neubau in der Kaiser-Joseph-Straße mit der dekorativen neugotischen Fassade, erfolgte unter Leitung der Architekten Hermann Billing – verantwortlich vor allem für den damaligen Neubau der Universität, das heutige Kollegiengebäude I – und Joseph Mallebrein. Leider verschwand bei den Erweiterungsmaßnahmen auch der ehemals zum Haus »Zum Pfirsichbaum« gehörende große Garten. In ihm hatte Hermann Meinhard Poppen mit seiner Familie einst glückliche Stunden verbracht, bei selbst ausgebautem Wein, der in diesem schönen Garten wuchs, und an dessen Trauben sich keines der Kinder vergreifen durfte. Seit 1887 führten die Söhne von Eduard Poppen, Eduard junior und Hermann, gemeinsam die Druckerei, bis Hermann 1893 ausschied. An seiner Stelle trat Max Ortmann aus Frankfurt an der Oder als Teilhaber ein.

Aus der Firma H. M. Poppen und Sohn wurde »Poppen und Ortmann«, welche bis heute von den Nachfahren dieser beiden Familien geleitet wird.

Unweit der St. Michaelskapelle liegt das Grab von **Johann Georg Jacobi** (1740–1814)[20] Professor der Literatur, der 30 Jahre an der Freiburger Universität gelehrt hatte. Er war der ältere Bruder des Philosophen Friedrich Heinrich Jacobi und wie dieser mit Goethe und Schiller befreundet. 1784 erhielt der aus Norddeutschland stammende Jacobi als erster Protestant durch Kaiser Josef II. einen Ruf an die katholische Universität Freiburg. Schiller schrieb ihm damals: »Wie sehr beneide ich Ihnen, diese Lage, die Ihren Wünschen so sehr angemessen scheint ...«.[10] Bald wurden seine Vorlesungen so beliebt, daß »nicht nur Studenten, sondern auch Zuhörer aller Stände und Frauenzimmer häufig anwesend waren, und die Hörsäle die Interessierten oft nicht fassen konnten«, wie sein Freund, Albert von Ittner, Kanzler des Malteserordens in Heitersheim schrieb.[11] Neben der Arbeit an der Universität war Jacobi ein gemütvoller Dichter. Die Stadt verdankt ihm interessante Schilderungen der Atmosphäre Freiburgs um die Wende vom 18. zum 19. Jahrhundert. Zu seinen Freunden gehörte auch Goethes Schwager, der Emmendinger Amtmann Georg Schlosser. Zweimal (1791 und 1804) war Jacobi Rektor der Freiburger Universität. Da die Universität zu den geistlichen Körperschaften rechnete, saß er in der Ständeversammlung als Protestant neben den Äbten der breisgauischen Stände. In fortgeschrittenem Alter, mit 51 Jahren, heiratete er ein junges Bauernmädchen aus St. Peter, die nach seinem Tod häufig an seinem Grab saß und seine Gedichte vorlas. Der einzige Sohn aus dieser Ehe verstarb mit 17 Jahren. Er fand vor dem Vater seine letzte Ruhe auf dem Alten Friedhof. Als Johann Georg Jacobi starb, begleitete ihn die ganze Universität zu Grabe, wie es damals üblich war: »Die Trauer war allgemein, sehr feierlich der Leichenzug. Der Sarg wurde von Studenten zum Friedhof getragen. Auf dem schwarzen Grabtuch lag ein weißes Polster, auf diesem der wohlverdiente Lorbeerkranz. Ein Mädchenchor, der dem Sarge voranschritt, sang des Dichters Aschermittwochlied. Der Zufall fügte es, daß der Zug an dem Hause vorüberkam, wo Friedrich Wilhelm III. damals abgestiegen war; der König trat auf den Balkon und grüßte teilnahmvoll ...«.[12]

Man kann sich vorstellen, wie eindrucksvoll ein solcher Trauerzug, der damals ja noch durch die Straßen der Stadt führte, für die Bürger war. Jeder Tote wurde von den Angehörigen seines Berufsstandes oder seines Lebenskreises begleitet, bis durch die Einführung der obligatorischen Benutzung des Leichenhauses seit 1875 diese Leichenzüge wegfielen. Je nach Stand konnte der Leichenzug sogar zu einer Art »Trauerinszenierung« werden, wie es etwa Philippe Ariès für das 17. und 18. Jahrhundert charakterisiert: »Das Gepränge der Leichenbegängnisse im 17. und 18. Jahrhundert rivalisierte mit dem Prunk von Opernbühnenbildern und wurde zu einer der bezeichnendsten Ausdrucksformen barocker Theatralität«.(13)

Nur ein paar Schritte vom Grab Jacobis entfernt liegt **Thaddäus Rinderle** (1748–1824)[60], der in der Zeit, in der Jacobi und Rotteck an der Freiburger Universität lehrten, Dekan der Philosophischen Fakultät war. Er stammt aus Staufen, trat mit 19 Jahren in das Benediktinerkloster St. Peter im Schwarzwald ein und wurde zur Förderung seiner mathematischen Fähigkeiten zum Studium nach Salzburg geschickt. Auch nach seiner Priesterweihe in St. Peter widmete er sich weiterhin seinen wissenschaftlichen Interessen. Durch technische Erfindungen und Beratung der Uhrmacher in den benachbarten Dörfern trug er wesentlich zur Entwicklung der Schwarzwälder Uhrenindustrie bei. Rinderles »Astronomische Weltzeituhr« ist heute eines der kostbarsten Ausstellungsstücke des Uhrenmuseums in Furtwangen. Im Jahre 1788 erhielt er einen Ruf auf den Lehrstuhl für angewandte Mathematik in Freiburg und betätigte sich in den folgenden Jahren auch als Ingenieur. Herausragendes Beispiel dieser Tätigkeit ist eine Schutzanlage, die er in größter Hochwassergefahr zur Rettung des Ortes Sasbach am Rhein entwarf. Möglichkeiten und Grenzen eines Wissenschaftlerlebens bringt der Grabspruch auf dem einfachen, mit einer steinernen Weltkugel bekrönten Gedenkstein auf die eindrucksvolle gültige Formel: »Vieles hat er bestimmt mathematisch mit Ziffer und Buchstab. Aber die Stunde des Todes bleibt unbekannter als X«.

Auch der Name »**Geiges**« ist auf dem Alten Friedhof vertreten und erinnert an den bekannten Freiburger Ehrenbürger Professor Dr. Fritz Geiges. Sein Vorfahre Joseph Geiges war 1760 von Raithaslach ins vorderösterreichische Freiburg gekommen. Raithaslach liegt wie Sauldorf, die Heimat der Freiburger Familie Brenziger, im Bodenseeraum. In Freiburg kaufte sich Joseph Geiges als Leineweber bei der Tucherzunft »Zum Rosbaum« ein und heiratete die Tochter des verstorbenen Webermeisters, Maria Klara Thißle, die das väterliche Haus »Zum Löwenkönig« (Niemensstraße 8) geerbt hatte.(14) Sein zehntes Kind, Franz Anton Geiges, wurde Revisor bei der großherzoglichen Regierung und kaufte das »Guetle« genannte Anwesen in der heutigen Talstraße. Dessen Sohn Sigmund, Architekt und Stadtbaumeister zu Freiburg, ist der Vater von Fritz Geiges. Auf dem Alten Friedhof sind die zweite Frau von Sigmund, **Elisabeth, geb. Stein** († 1849)[61], und der als kleines Kind verstorbene Bruder von Fritz Geiges, **Richard**, begraben. Die Grabinschrift lautet: »Elise Geiges geb. Stein starb den 11. Dez. 1849 im 26. Lebensjahre. Bei ihr ruht ihr Kind Richard.«

Professor Fritz Geiges (1853–1935) ist wohl den meisten Freiburgern durch sein künstlerisches Schaffen bekannt. Kommt man vom Schwarzwald her zum Schwabentor, so grüßt an dessen Außenwand das von ihm gemalte Wandbild des Stadtpatrons St. Georg. Fritz Geiges schuf neben vielem anderen auch die Glasgemälde mit den Zunftzeichen im Historischen Kaufhaus. Wichtigste Aufgabe, die er sich gestellt hatte und auch durchführte, war die Restaurierung der Münsterfenster nach dem Ersten Weltkrieg. In diesem Zusammenhang malte er das Himmelsbach-Fenster und das Tucherfenster nach eigenen Entwürfen. Noch als 80jähriger schrieb er ein Buch über den »Alten Fensterschmuck des Freiburger Münsters« (1933).

Im Medium der Fotografie hat sich die künstlerische Begabung der Familie im Enkel fortgesetzt. Der Fotograf Leif Geiges ist vielen Freiburgern vor allem durch seine Fotographien der Regio vertraut.

Sein Vater war der Begründer der »Geiges-Klinik«, die heute von seinem Bruder geführt wird.

Patenonkel von Fritz Geiges war der Bildhauer Alois Knittel (1814–1875), der eine Schwester von Sigmund Geiges geheiratet hatte. Der aus Tirol (Oberbach im Lechtal) stammende Künstler schuf eine ganze Reihe von Grabmälern auf dem Alten Friedhof, unter anderem auch das des »Archiepiscopus Friburgensis designatus« Ferdinand Geminian Wanker und das Grabmal Beck mit dem Medaillon des Todesjünglings. Offensichtlich war er damals bei der Freiburger Prominenz in Mode. An sein künstlerisches Schaffen außerhalb des Alten Friedhofs erinnert unter anderem das Denkmal für den Franziskanermönch Berthold Schwarz auf dem Rathausplatz.

Vermutlich ist der nur ein halbes Jahr alt gewordene **Adolf Knittel** († 1850)[62] sein Sohn. Das Kind ruht auf einem Polster. »In der Hand hält er einen Blumenstengel. Soweit der verwitterte Zustand es noch erkennen läßt, handelt es sich um Mohn. Dieser gilt bereits in der Antike wegen seiner schlaffördernden Wirkung als Symbol des Schlafes und erscheint auf zahlreichen klassizistischen Grabsteinen.«(15)

Am 24. April 1777 wurde **Johann Joseph Meißburger** (1745–1813)[12] als Bürger in Freiburg und Zünftiger in der Bauzunft »Zum Mond« aufgenommen. Zwei Tage später verlobte er sich mit der Freiburger Metzgerstochter Elisabeth Horber. Er kam aus Egg im Bregenzerwald und ließ sich gerade in dem Augenblick in Freiburg als Stukkateur nieder, als der bekannte Wessobrunner Stukkateur Franz Anton Vogel starb. Der Heimatforscher Hermann Brommer bezeichnete ihn als einen für den südbadischen Raum bedeutenden Stuckkünstler, der auch als Stuckmarmor-Altarbauer und Baumeister hervortrat. Zu seinen Arbeiten als Baumeister gehören unter anderem das 1978 abgerissene Alte Schulhaus in Merdingen, die Flügelbauten des Umkircher Schlosses und das Pfarrhaus inEbnet. Bedeutend wurde er jedoch vor allem als Stukkateur. Die Stuckmarmor-Seitenaltäre für die Kartause, die später nach Haslach i.K. kamen, der Choraltar in Ebringen und der Chorstuck in der Pfarrkirche in Ettenheim gehören zu seinen Werken. Ein schlichtes Grabkreuz aus Sandstein auf dem Alten Friedhof erinnert an sein Wirken. Auch seine Frau **Elisabeth** und zwei seiner Söhne: der spätere Domkustos und Münsterfabrikprokurator **Johann Michael Meißburger** (1782–1854)[12] und der Kupferstecher und Kunsthändler **Joseph Anton Meißburger** ((1785–1858)[12] sind auf dem Alten Friedhof begraben. Hubert Meißburger, ein Nachkomme von Johann Joseph Meißburger, kannte zwar die Gräber seiner Vorfahren, wußte aber nichts über ihre Vergangenheit, bis er zufällig auf nähere Einzelheiten stieß. Seine Erkenntnisse über »Herkunft und Familie des Freiburger Barockbaumeisters und Stukkators Johann Joseph Meißburger« hat er daraufhin in einem Aufsatz zusammengefaßt.(16)

Der oben genannte Münsterverwalter Meißburger förderte unter anderem Franz Sales Glänz aus der Bildhauerfamilie **Glänz**[63] deren Grabstätte sich auf dem Alten Friedhof befindet. Die Familie stammt aus Schwärzenbach bei Neustadt, von wo Joseph Glänz 1745 nach Freiburg kam.

Dessen Enkel war Joseph Dominik Glänz (1778–1841). Der Kunsttischler und Holzbildhauer Joseph Dominik fertigte, zum Teil unter Beihilfe des eben erwähnten Sohnes Franz Sales, Altäre, Beichtstühle, Chorstühle und Orgelgehäuse für einige Kirchen, wie z.B. für Herdern und Günterstal. Im Münster schuf er den vergrößerten Schrein für den von Hans Wydyz geschnitzten Dreikönigsaltar und das Altargehäuse für den Annenaltar. Neben seiner eigentlichen Tätigkeit war er zeitweise auch Werkmeister und Leiter der Münsterbauhütte.(17)

Bedeutendstes heute noch erhaltenes Werk von Franz Sales Glänz (1810–1855) ist der Thron des Erzbischofs, der zwischen 1845 und 1848 entstand.

Nicht zufällig ziert den Grabstein des **Joseph Anselm Feuerbach** (1798–1851)[64] eine antike Frauengestalt. Feuerbach war seit 1836 Professor für Archäologie an der Universität Freiburg. Seine bedeutenden Leistungen liegen auf dem Gebiet der klassischen Altertumskunde. Zu seinen Hauptwerken zählt die Arbeit »Der Vatikanische Apollo als eine Reihe archäologisch-ästhetischer Betrachtungen«. (1837, 2. Aufl. 1855). Von einer längeren Reise nach Italien brachte er außer Münzen und Stichen auch Abgüsse von antiken Skulpturen mit, und sein Sohn, der berühmte Maler Friedrich Anselm Feuerbach (1829–1880), war in seiner Entwicklung ohne Zweifel von den Interessen des Vaters und der At-

Auf dem Grabstein des Professors für Archäologie († 1851) ist eine antike Frauengestalt dargestellt.

mosphäre des elterlichen Hauses geprägt. Dieses leider heute nicht mehr erhaltene Wohnhaus, das »Feuerbach-Haus« lag vor dem Schwabentor und war ein Treffpunkt der geistigen Elite Freiburgs.

Die Welt des Malers war Italien und die Antike. Das Augustinermuseum besitzt drei Bilder von ihm, für den Freiburg Heimatstadt war. Die Familie kam ursprünglich aus Bayern, wo der Großvater, Johann Paul Anselm als berühmter Kriminalist und Rechtsphilosoph tätig war. Er entwarf das bayerische Strafgesetzbuch von 1813 und erregte vor allem Aufsehen als mutiger Publizist im Kaspar-Hauser-Prozeß.

Das neugotische Grabmal des Armenvaters **Judas Thaddäus Ferdinand Weiß** (1757–1822)[65] erinnert an einen Mann, der sich um die Freiburger Armenpflege im 19. Jahrhundert sehr verdient gemacht hat. Die von ihm durchgeführte Neuorganisation des Armenwesens wurde erst durch eine Regelung von Seiten des Deutschen Reiches 1879 abgelöst.

Ferdinand Weiß stammte aus dem Kinzigtal, wurde Weltpriester und erhielt noch während seiner theologischen Studien die Stelle als Hofmeister beim k.k. österreichischen Geheimrat, breisgauritterschaftlichen und landständischen Präsidenten Freiherrn Anton von Baden. Er erzog dessen Sohn Karl (s. Kapitel Alte Adelsgeschlechter) und lebte 46 Jahre im Kreis der Familie von Baden. Aufgrund seiner zusätzlichen Beschäftigung im städtischen Archiv wurde ihm im Jahre 1800 das Amt des Archivars übertragen. Im gleichen Jahr ernannte ihn der Magistrat zum Armenvater und Mitglied des Stadtrates. Im Rahmen der weitgehend auf Ferdinand Weiß zurückgehenden Neuordnung des Armenwesens entstand am 24. März 1800 die neue, vom Magistrat errichtete Armenkommission. Außerdem trat an Stelle der bisherigen Armenanstalten am 1.4.1800 das »Armeninstitut«. Hauptverantwortlich für die Armenfürsorge war der »Armenvater«, der gleichzeitig Leiter des Armeninstituts und Mitglied der Armenkommission war. Weiß nahm sich im Rahmen der Armenpflege vor allem der Jugenderziehung an und galt als eifriger Förderer der im gleichen Jahr gegründeten Stiftungen seines Freundes Heinrich Sautier für mittellose Mädchen und Knaben. Durch Ferdinand Weiß wurden neue Geldquellen für die Armen erschlossen. Beispielsweise organisierte er das Sammelwesen neu und veranlaßte die Offenlegung der Verwaltung des »Armenpfennigs«, wie die verfügbaren Gelder für die Armen genannt wurden. Die Folge davon war, daß die Bürger eher geneigt waren zu stiften, da sie auch erfuhren, wie das Geld verwendet wurde. Jährlich kamen gedruckte Rechenschaftsberichte heraus. Er führte die Versorgung mit kostenlosen Medikamenten ein. 1817 betraute ihn der Großherzog mit der Zentralorganisation des ersten »Frauenvereins für Häuslichkeit und Wohltätigkeit.«(18) Anliegen und Ziel von Ferdinand Weiß war, daß die tatsächlichen Armen nicht mehr auf mildtätige Opfergaben angewiesen sein sollten, die die Stifter ihres eigenen Seelenheiles halber entrichteten. Er wollte die Menschen aus der Armut herausführen, ihnen, soweit sie arbeitsfähig waren, Arbeit vermitteln. So zum Beispiel in den neuerrichteten Spinnstuben und in der Hausspinnerei, da die Möglichkeit, als Handwerker zu arbeiten, wegen der bedrängten Lage des Handwerks kaum möglich war. Es sei nur an die hoffnungslose Lage der Edelsteinschleifer und -bohrer Ende des 18. Jahrhunderts erinnert. Franz Flamm sieht in der Arbeit von Ferdinand Weiß erste Ansätze der »Resozialisation im modernen Sinn«.(19)

Neben der offenen Armenpflege kümmerte sich Weiß in besonderem Maße auch um die Anstaltspflege.

Wichtigste Veränderung in der Verwaltung des Armenwesens war die Vereinigung aller jener Stiftungen, die sich auf das Armenwesen bezogen. Zwar blieben die Geldmittel der einzelnen Stiftungen getrennt, aber die Verwaltung kam in eine Hand, und zwar in die des Verwalters des Heiliggeistspitals.

Wie notwendig die Armenbetreuung war, zeigt ein Bericht im Rechnungsauszug des Jahres 1817: »Schon die vorhergehenden Spätjahrs-, noch mehr die Winter- und Frühjahrsmonate zogen uns Hilfesuchende ohne Zahl von allen Gegenden zu, die bald noch von durchreisenden Fremdlingen nach Amerika, und später noch mehr durch ihr elenderes Zurückkehren, so vermehrt wurden, daß manchen Tag mit eigenen zu verpflegenden Armen 800 bis 1000 Dürftige von unserer Wohltatsanstalt genährt werden mußten.«(20)

Während der Tätigkeitszeit von Ferdinand Weiß wurden die verwahrlosten Bauten des Heiliggeistspitals am Münsterplatz aufgegeben und durch Übernahme des ehemaligen Clarissenklosters (in der heutigen Merianstraße) eine neue Unterkunft für das Heiliggeistspital geschaffen. Interessant ist, wie Ferdinand Weiß die Gelder für den Umbau des Klosterkomplexes zum neuen »Bürgerspital und Armenhaus zum Heiligen Geist« beschaffte. Durch seine gleichzeitige Tätigkeit als städtischer Archivar kannte er das Testament des langjährigen Bürgermeisters der Stadt, Johannes Snewlin der Gresser, der, wie schon erwähnt, die Kartause gestiftet hatte. In diesem Testament war bestimmt, daß bei einer Auflösung des Klosters (die Kartause war bei der Säkularisierung an den Freiherrn von Baden verkauft worden) die Hälfte des Verkaufserlöses den Freiburger Armen zukommen sollte. Weiß erwirkte daher einen kaiserlichen Beschluß auf Herausgabe eben dieser Hälfte.(21)

Das umgebaute Clarissenkloster war bis 1944 Mittelpunkt des Stiftungs- und Armenwesens der Stadt Freiburg. Auf dem Areal des Heiliggeistspitals wurde zwischen 1882 und 1884 das Pfründhaus für Angehörige »Besserer Stände« errichtet (heute Gelände des Colombi-Hotels). Während im Heiliggeistspital mittellose Bürger auf Kosten der Stiftung und der Stadt untergebracht waren, gingen ins Pfründhaus die Bürger, die selbst für ihre Unterbringung aufkamen. 1944 wurde der gesamte Gebäudekomplex zerstört.

Nach dem Krieg tauschte die Heiliggeistspitalstiftung mit der Stadt das Areal zwischen Merianstraße und Rotteckring gegen Gelände an der Deutschordens/Johanniterstraße, auf dem sich seit 1957 das neue Heiliggeistspital befindet. Dort wird auch heute noch täglich im Gottesdienst des Heiliggeiststifts aller Stifter und derer, die in ihrem Sinne arbeiten, in einer eigenen Fürbitte gedacht.

Im Jahre 1821 trat Ferdinand Weiß wegen Krankheit von seinem Amt zurück und hatte sein Krankenlager zunächst in der ehemaligen Kartaus auf dem Johannisberg. Aber die häufigen Krankenbesuche des Stadtarztes und Großherzoglich badischen Hofrates **Dr. Georg Pfost** († 1846)[66], der wie er, später seine letzte Ruhe auf dem Alten Friedhof finden sollte, waren dem Kranken zu kostspielig. Wie aus den Nachlaßakten zu ersehen ist, berechnete Pfost für 65 Besuche, den jeweils halbstündigen Ritt und die zweistündige Zeitversäumnis 130 fl. Aus Ersparnisgründen ließ sich der Kranke daher in seine Wohnung in der Stadt bringen. Der Schreiner Glänz mußte eine »Tragmaschine« konstruieren, mit der Weiß durch 13 Träger am 4. November 1822 in die Löwenstraße getragen wurde. Nach seinem Tod wurde die Beerdigung aufgrund einer Anordnung im Testament in der 4. Klasse vorgenommen, wie sie auch den Armen vom Armeninstitut zustand.[22]

Als Universalerben seines aufgrund seiner Sparsamkeit beträchtlichen Vermögens setzte er das Freiburger Armeninstitut ein.

5. Gräber als Spiegel der Geschichte

In den Grabdenkmälern auf dem Alten Friedhof spiegelt sich nicht nur Familien- oder Stadtgeschichte. Sie stellen auch Verbindungen her zu überregionalen politischen und gesellschaftlichen Ereignissen: Etwa zur Französischen Revolution. Da Freiburg während dieser Zufluchtsort für viele Adelige aus dem Nachbarland, besonders aus dem Elsaß, war, finden wir auch französische Inschriften.

Prominenteste Figur ist wohl **General Boniface Riquetti de Mirabeau** (1754–1792) [67], der jüngere Bruder des berühmten Revolutionärs Honoré de Mirabeau. Im nordamerikanischen Freiheitskrieg hatte er sich durch besondere Tapferkeit ausgezeichnet und war Generaladjudant Lafayettes geworden. Für Baden wurde er in seinen letzten Lebensjahren zwischen 1790 und 1792 bedeutsam. Als Gegner der Revolution schloß er sich dem Prinzen Condé an und wurde von diesem beauftragt, am Oberrhein Streitkräfte zu sammeln, die mit dazu beitragen sollten, die Revolution niederzuzwingen. Ausgangspunkt war das Herrschaftsgebiet um Ettenheim, das dem Fürstbischof von Straßburg, Kardinal Rohan gehörte, der dadurch zu den Reichsständen

Eine schlichte Grabstele erinnert daran, daß General Boniface Riquetti de Mirabeau 1792 in Freiburg verstarb.

des damaligen deutschen Reichs zählte und das Recht hatte, Truppen zu werben und zu halten. Die Truppen Condés hatten eine eigene markante Uniform: schwarzer Rock mit blauen Klappen und schwarztuchene ungarische Hosen – daher auch die »Schwarze Legion« genannt. Eine Chronik weiß zu berichten: »Man sieht nur etwa 500 Mann beisammen. Diese exerzieren aus Mangel an Gewehren einstweilen mit Rebstecken. An Offizieren ist Überfluß, theils weil sehr viele royalistische Offiziere aus dem Elsaß herüberkamen ...«.(1) Die Straßburger nannten daher die »Schwarze Legion« ein »Heer, wo jeglicher Soldat zween Kapitains und Lieutenants hat und für die Flucht zwei Beine.«(2) Weder die Grenznachbarn des Kardinals – die vorderösterreichische Regierung in Freiburg und der Markgraf Karl Friedrich –, noch die Bevölkerung waren sehr glücklich über die Truppenansammlungen. In Freiburg lag die Vorhut des Condé'schen Corps, das Jägerbataillon des Boniface de Mirabeau, der hier – noch recht jung – am 17.9.1792 verstarb. Er soll vor allem den leiblichen Genüssen besoners zugetan gewesen sein und hatte daher wegen seiner Leibesfülle den Beinamen »Mirabeau Tonneau« (Mirabeau, das Faß). Im Augustinermuseum befindet sich eine kolorierte Lithographie, die ihn im Kreise seiner Offiziere zeigt. Mit großen militärischen Ehrenbezeugungen wurde er auf dem zwischen 1788 und 1828 existierenden Soldatenfriedhof bei der heutigen Karlsschule beerdigt. Nach der Schließung dieses Soldatenfriedhofs erfolgte die Umbettung Mirabeaus auf den Alten Friedhof, wo eine schlichte Grabstele auf seine letzte Ruhestätte hinweist.

An der Westmauer des Alten Friedhofs sind zwei Grabsteine, die ebenfalls französische Inschriften tragen. Sie lauten in Übersetzung: »Hier liegt **Louis Maximilian Baron d'Iselin Graf von Lanan,** Generalleutnant der Armeen des französischen Königs, Träger des Ordens zum Hl. Kreuz, des Ordens des Hl. Ludwig, Georgsritter, verstorben mit 84 Jahren am 17. Juli 1821, immer treu seinem Gott und seinem König ...«[68]. Und: »Hier ruht **Jeanne Baptiste Marguerite d'Iselin de Lanan,** geborene Reichsfreifrau, emigriert 1792, Pensionärin der Englischen Regierung und Ludwigs des XVIII., gestorben mit 84 Jahren 1817[68].

Auch viele Stiftsdamen aus dem Elsaß haben während der Französischen Revolution Zuflucht in Freiburg gesucht und fanden auf dem Alten Friedhof ihre letzte Ruhe. Zu ihnen gehören die Schwestern **Madeleine-Hélène** († 1842) und **Caroline Elisabeth, Baronne de Reinach Heidwiller** († 1847), Stiftsdamen von Masmünster und Andlau[69].

Der Grabstein von Caroline **Gräfin von Thurn-Valsassina** († 1836)[70] befindet sich heute im Augustinermuseum. Sie kam mit ihrer Schwester aus dem Thurgau nach Freiburg zu ihren aus dem Elsaß geflohenen Verwandten, deren Gräber sich ebenfalls auf dem Alten Friedhof befinden. Mit ihrem Mann Albert von Pfirt-Blumberg stiftete Caroline in ihrem Haus »Zum Pilgerstab« (Franziskanerstraße 9) das nach den Gründern benannte Albert-Carolinen-Stift für adelige Damen. Das heute noch existierende Stift wurde vor dem Krieg in die Burgunderstraße verlegt, nachdem das Haus in der Franziskanerstraße von der Stiftungsverwaltung verkauft worden war.

Eine sehr interessante Epoche der breisgauischen Geschichte repräsentieren **Hermann Gottlob von Greiffenegg-Wolffurt** (1775–1847)[71] und der erzherzoglich österreichische Regierungs- und Kammerrath **Dominic Milfehrl** († 1805)[72].

Für letzteren wurde eines der wenigen marmornen Grabmäler auf dem Alten Friedhof geschaffen, ein Wandgrab in der Vorhalle der Michaelskapelle. Es besteht aus einer tempelartigen Architektur mit einer Nische, in der die schmucklose Urne aus weißem Marmor steht. Milfehrl war in der kurzen Zeit des erzherzoglichen Kleinstaates »Breisgau und Ortenau« Mitglied der Regierung.

Der neugotische Grabstein aus rotem Sandstein des Hermann Gottlob von Greiffenegg steht an der Ostmauer des Alten Friedhofs. Greiffenegg war der Sohn des Regierungspräsidenten der erzherzoglich breisgauischen Regierung des Kleinstaates.

Am 17.10.1797 hatte Napoleon im Frieden vom Campo Formio mit Österreich vereinbart, daß der vorderösterreichische Breisgau dem Herzog Hercules von Mo-

Grab des letzten Freiherrn von Greiffenegg († 1847), dessen Vater das Greiffeneggschlößle auf dem Schloßberg erbauen ließ.

dena aus dem Hause Este zugesprochen wurde als Entschädigung für die Abgabe seines Herzogtums an die neugegründete Cisalpinische Republik. Die Abtretung wurde jedoch nicht unmittelbar im Anschluß an diese Vereinbarung durchgeführt. Der Herzog war an dem armen, ausgebluteten Land nicht sonderlich interessiert. So brachte die darauffolgende Zeit für die Bewohner des Breisgaus Sorge und Unsicherheit. Das Land war von französischen Soldaten besetzt und konnte kaum die Belastung durch dauernde Einquartierungen und die außerordentlich hohen Kosten ertragen. Erst am 12.1.1803 fiel die endgültige Entscheidung. Herzog Hercules III. von Modena wurde Herrscher, sein Schwiegersohn Erzherzog Ferdinand Administrator des Breisgaus. Nach dem Tod seines Schwiegervaters am 15.10.1803 wurde Ferdinand formell Staatsoberhaupt. Er führte den Titel »Regierender Herzog in Breisgau und Ortenau« und ernannte seinerseits den Freiherrn Hermann von Greiffenegg, den Vater des oben Genannten, zum Regierungspräsidenten. Hermann von Greiffenegg-Wolffurt ist den Freiburgern weniger durch die geschichtlichen Ereignisse, als durch das von ihm erbaute Schlößchen auf dem Schloßberg in Erinnerung geblieben. Seine bürgerlichen Vorfahren namens Tröndlin stammen aus dem Waldshuter Raum, hatten es durch Salzhandel zu Reichtum und Ansehen gebracht und wurden im 18. Jahrhundert in den Adelsstand erhoben. Der Name »Wolffurt« bezieht sich auf ein Schloß im Bregenzer Gebiet, das durch Heirat in Tröndlinschen Besitz gelangt war.(3). Hermann vonGreiffenegg diente 48 Jahre dem österreichischen Kaiserhaus. Die Krönung seiner Laufbahn war die Ernennung zum Regierungspräsidenten während des modenesischen Zwischenspiels. Nach der Gründung des Großherzogtums Baden zog er sich von allen Geschäften zurück. Er wurde in der Kirche des Klosters Adelhausen beigesetzt.

Ein wenig ungewöhnlich war (zumindest das Privat-) Leben seines Sohnes Hermann Gottlob. 35 Jahre stand dieser als Diplomat und Offizier in österreichischen Diensten. Nach anfänglich glänzender Laufbahn verbrachte er die letzten Jahre seiner Dienstzeit als Kommandant der Festung Osoppo, nördlich von Udine, dann in Ferrara und zuletzt im dalmatinischen Seehafen Zengg. Nach seiner Pensionierung im Jahre 1830 lebte er bis zu seinem Tod 1847 auf dem Greiffeneggschlößle in Freiburg. Aus erster Ehe mit einer Tänzerin, mit der er überstürzt seine Vaterstadt verlassen hatte, entstammte ein Sohn, den er aber nicht anerkannte. Er bezeichnete sich selbst als den letzten seines Geschlechts. In zweiter Ehe heiratete er eine Bürgerliche, Agathe, Tochter des Sattlermeisters Mauch, nahm aber auch deren Stiefschwester Josefa Lang in seinen Haushalt auf, in die er sich nach seiner Verlobung mit Agathe verliebt hatte. So führte er eine »ménage à trois«. Einen Arzt, der sich über diese Verhältnisse geäußert haben soll, tötete er bei einem Duell in Venedig. Danach nahm er die Verpflichtung auf sich, für dessen unmündige Tochter zu sorgen und brachte sie bei Freunden in Freiburg unter. Das junge Mädchen schied später bei einem Besuch im Greiffeneggschlößle durch einen Sturz von der Altane auf die darunterliegenden Felsen freiwillig aus dem Leben, ein Ereignis, das die Freiburger damals außerordentlich beschäftigt hat.

In der Vorhalle der St. Michaelskapelle ließ Ignaz Speckle, der letzte Abt des Klosters St. Peter, durch den Bildhauer Franz Anton Xaver Hauser (1739–1819) für **fünf Mönche von St. Peter** [73] zwei Epitaphien anfertigen. Auf einer Gedenkplatte sind die Klosterkirche St. Peter und die Gestalt des Glaubens dargestellt, ergänzt durch die Verse: »Sie ruhen hier, fern von der Väter Gruft, durch Zeitgewalt zerstreute Brüder; doch der vom Tod zum Leben ruft, vereinigt sie ins Vaters Hause wieder.«

Die Gedenksteine erinnern an die Auflösung des Klosters St. Peter im November 1806 im Rahmen der Säkularisation. Ignaz Speckle hat in seinem Tagebuch die Auflösung selbst, wie auch die Zeit davor und danach, sehr eindringlich geschildert. Durch die Bestimmungen des Friedens von Preßburg (1805) hatte Karl Friedrich, Markgraf von Baden, seit 1803 Kurfürst, den Breisgau mit Freiburg, die Stifte St. Blasien und St. Peter, das Großpriorat Heitersheim und die Ortenau zugesprochen bekommen. Der feierliche Akt der Übergabe des Breisgaus an Baden fand am 15. April 1806 im Freiburger Münster statt. Während dieses Festakts hielt Geheimrat von Drais (siehe Kapitel »Alte Adelsgeschlechter«) als Vertreter des badischen Hofes eine Rede, in der er Napoleon als »Stifter dieses möglich größeren Glücks und Held des Zeitalters«(4) bezeichnete.

Für die Klöster St. Blasien und St. Peter erhob sich nun die lebenswichtige Frage, wie die neue Regierung über ihr Schicksal entscheiden würde, hatte doch Baden alle ihm in den letzten Jahren zugefallenen Klöster säkularisiert. »Kaiser Franz ließ den Äbten das Angebot übermitteln, sich mit ihren Klöstern in Österreich anzusiedeln, falls ihnen im Breisgau die Auflösung drohe.«(5) In Karlsruhe schwankte man zunächst, entschloß sich aber dann am 10.6.1806 doch für die Auflösung. Während der Fürstabt von St. Blasien von dem Angebot des Kaisers Gebrauch machte und mit seinen Mönchen nach St. Paul in Kärnten ging, blieben Ignaz Speckle und seine Patres, die das Land nicht verlassen wollten, in der Region. Verzweifelt schildert er, der bis zuletzt gehofft hatte, daß St. Peter als ehemaliges Hauskloster der Zähringer verschont bleiben könnte, in seinem Tagebuch das Ende des Klosters: »Meine Empfindungen bei der ganzen Katastrophe kann ich nicht ausdrücken. Halb betäubt, war mir Herz und Kopf voll und leer ... ist nun doch nach 713 Jahren die Stiftung der Bertholde von Zähringen aufgelöset; aufgelöset bei Wiederherstellung des Titels der Herzöge von Zähringen durch den noch einzigen übrigen Sprossen der Zähringer, Karl Friedrich, Markgraf von Baden, durch den Begründer des neuen zähringischen Hauses. Aufgelöset nach ausgestandenen Drangsalen eines mehr als zehnjährigen Krieges; nach dem Harten Kampf mit den Maltesern, nach endlich erkämpfter guter Aussicht unter Ferdinand von Österreich ... Aufgelöset ohne Aussicht, ohne Hoffnung ...«.(6)

Auch die **Ursulinen** [74] des »Schwarzen Klosters« und die **Dominikanerinnen des Klosters Adelhausen** [75], die sich noch bis 1867 dem Schulunterricht widmen durften, haben eine Grabstätte auf dem Alten Friedhof.

Dort liegt die Superiorin des Lehrinstituts Adelhausen, **Bernarda Bilharz** (1786–1863) [75] aus Herbolzheim. Sie soll aus Kummer über den frühen Tod ihres

Neffen Dr. Theodor Bilharz, Entdecker der Bilharziose, gestorben sein.(7)

Freiburg war nun also seit 1806 nicht mehr Hauptstadt Vorderösterreichs, auch nicht mehr Regierungssitz des modenesischen Kleinstaates »Breisgau und Ortenau«, sondern nur noch Provinzstadt des neugeschaffenen Großherzogtums Baden. Aus den breisgauischen Regierungs- und Kammerbeamten wurden badische Staatsdiener, was sich bei verschiedenen Gräbern an den Titeln der Verstorbenen ablesen läßt.

Aus dem ersten Jahrzehnt des 19. Jahrhunderts findet man nur einige Grabmäler auf dem Alten Friedhof. Wegen der damals herrschenden großen Armut, Folge von Seuchen, Truppeneinquartierungen und Mißernten, konnten sich außer den höheren Beamten, Offizieren und dem Adel vermutlich nur die wenigsten einen Grabstein leisten. Doch nach und nach erholte sich die Stadt und gewann wieder an Bedeutung. Dazu trug neben der Bestätigung der Universität durch Großherzog Ludwig im Jahre 1819 eine weitere für Freiburg wichtige historische Entscheidung bei.

An diese erinnert das gleich rechts neben der Kapelle stehende Grabmal des Moraltheologen **Ferdinand Geminian Wanker** (1758–1832)[19], das ihn in voller Lebensgröße zeigt. In der Grabinschrift ist er als »Archiepiscopus Friburgensis designatus« bezeichnet. Nach der von Napoleon durchgeführten umwälzenden politischen Neuordnung der Staaten und der damit verbundenen Umorganisation der kirchlichen Verhältnisse einigten sich die Fürsten von Württemberg, Baden, Hessen-Darmstadt, Kurhessen und Nassau und der freien Stadt Frankfurt auf den Zusammenschluß in der Oberrheinischen Kirchenprovinz. Das alte Bistum Konstanz war aufgelöst. Freiburg wurde zum Mittelpunkt eines Bistums bestimmt, das vom Bodensee bis zum Main reichte. Darüber hinaus wurde die Stadt durch die 1821 erlassene päpstliche Bulle »Provida solersque« zum Sitz des Erzbischofs in der neu zu errichtenden Oberrheinischen Kirchenprovinz erklärt. Wanker, der als erster Erzbischof Freiburgs vorgesehen war, starb, bevor die Entscheidung über seine Einsetzung getroffen werden konnte.

Er stammte aus einer Familie, deren Geschichte besonders interessant ist. Wie Engelbert Krebs in seinen Ausführungen über »Alte Freiburger Bürgerfamilien« berichtet, kam der Vorfahr Rupert Wanger als Waffenschmied 1710 mit Salzburgischen Kontingenttruppen nach Freiburg.(8) Dessen Enkel heiratete Anna Maria von Dankenschweil, die letzte Trägerin dieses Namens. Er war der Onkel von Ferdinand Geminian. Sein Sohn, der Vetter von Ferdinand Geminian, ging zunächst nach Lyon, wo er seinen Namen entsprechend der französischen Redeweise in »Vainqueur« umänderte. 1772 kam er als Vertreter eines Lyoner Seidenhauses nach Rußland. Dort brachte er es zu Reichtum und Ansehen und wurde durch den Zar geadelt. Er erhielt das Recht, Adel und Wappen seiner Mutter von Dankenschweil als Reichsadel in seiner Familie zu vererben. Seitdem nannte sich diese Linie der ehemaligen Wanger »Waenker von Dankenschweil«. Seine vier Söhne schickte er nach Freiburg zurück, wo der Vetter Ferdinand Geminian Wanker für ihre Erziehung verantwortlich war. Einer dieser Söhne, **Anton Waenker von Dankenschweil** (1778–1861)[76] lebte als Arzt in Freiburg. Er und seine Familienangehörigen wurden ebenfalls auf dem Alten Friedhof beigesetzt. Sein Bruder, der Rechtsanwalt Otto Waenker von Dankenschweil war eine bekannte Freiburger Persönlichkeit. Er trat bei der ersten Badischen Schwurgerichtssitzung (März 1849) als Anwalt des Staates gegen die 48er Revolutionäre auf, obwohl der nächste Aufstand bevorstand. Er setzte sich aber später im Kulturkampf ebenso entschlossen für die Rechte der Kirche gegenüber dem Staat ein.(9)

Die nächsten Jahre in der Geschichte der Stadt gestalteten sich wieder unruhig. In Freiburg tauchten Polenflüchtlinge auf, die ihr Land während des Polenaufstands 1830 verlassen hatten und hier als Freiheitshelden gefeiert wurden. Man »empfing die polnischen Offiziere feierlich bei der ‚Stadt Wien' mit einem Fackelzug, und das Lied 'O Polenland, du Land der Heldensöhne' war in Freiburg durch Veranstaltungen wie Polenball und Polenfeier im Theater populär geworden …«.(10) An diese Ereignisse erinnert das Grab der jungen **Amalie von Berg** († 1852)[77], die den Polen Dr. Felix Kozlowski geheiratet hatte und im Kindbett starb. Die badische Schriftstellerin Hermine Villinger hat das Freiburger Leben um diese Zeit und die Liebe der Amalie von Berg in ihrem Büchlein »Meine Tante Anna« interessant beschrieben. Auf dem Grabstein sieht man die junge Mutter, aus dem Grab auferstehend. Sie streckt sehnsüchtig die Arme nach ihrem neugeborenen Söhnchen aus, das schon Engelsflügel hat und aus den Wolken zu der Mutter hinabschaut. Ein großer Engel mit einer Friedenspalme weist auf den ewigen Frieden hin.

Die politischen Ereignisse eskalierten schließlich in der badischen Revolution von 1848/49. Die radikale Bewegung wurde von dem Mannheimer Rechtsanwalt Friedrich Hecker und dem Konstanzer Advokaten Gustav von Struve angeführt. Am 20.4.1848 kam es in Kandern zu einem Zusammenstoß zwischen den Freischärlern und den Regierungstruppen, die von General Friedrich von Gagern geführt wurden. Dieser fiel dabei, die Aufständischen wurden jedoch geschlagen. Der ehemalige badische Leutnant Sigel sammelte die versprengten Freischärler und führte sie nach Freiburg, wo sie bei Günterstal von badischen Regierungstruppen zurückgeschlagen und beim Eindringen in die Stadt am Ostermontag gänzlich geschlagen wurden. Freiburg, das als liberale Hochburg galt, war während der Ostertage zwischen dem 22. und 24. April in der Hand einer Gruppe Radikaler unter der Führung des Medizinstudenten und Gründers des Freiburger Turnvereins Georg von Langsdorff, dessen nahe Verwandte auch auf dem Alten Friedhof ihre letzte Ruhe gefunden haben.(11) Er hatte seinen Befehlsstand auf dem Münsterturm und wurde daher »Münstergeneral« genannt. Am Ostermontag wurde die blutige Auseinandersetzung beendet, und die Aufständischen mußten sich endgültig geschlagen geben. Beide Seiten hatten schwere Verluste zu beklagen. Auf dem Alten Friedhof trägt ein schlichter Gedenkstein die Inschrift »Zur Erinnerung an **die am 24. April 1848 bei dem Sturm auf Freiburg Gefallenen** von ihren Waffengefährten«[78].

Drei gefallene Soldaten und ein Offizier, die bei den 1849 in Baden erneut aufflackernden Unruhen den Tod gefunden haben, sind ebenfalls auf dem Alten Friedhof begraben [79].

Das letzte historisch wichtige Ereignis, das noch in die Zeit vor der Schließung des Alten Friedhofs fällt, ist der Deutsch-Französische Krieg 1870/71. Hinter der Kapelle steht in einem von Bäumen umschlossenen Rondell ein Denkmal für die damals **gefallenen Soldaten**[80]. Die Namen der Gefallenen sind auf den rings um das Denkmal stehenden gußeisernen Platten verewigt.

Im Jahr 1898 wurde in Erinnerung an drei in Kriegsgefangenschaft verstorbene französische Soldaten ein Kissen aus weißem Marmor in das Rondell eingelassen. Es trägt die Inschrift »La jeunesse française aux soldats morts en 1870«[80].

Auch die Männer, die Ende des 18. Jahrhunderts und zu Beginn des 19. Jahrhunderts die Geschicke der Stadt lenkten, haben auf dem Alten Friedhof ihre letzte Ruhe gefunden: Die Bürgermeister **Dr. Dominik Wenzeslaus Eiter**(1748–1806)[81], **Joseph Adrians** (1756–1827)[82] und der Oberbürgermeister **Joh. Baptist Fidel Andre** (1779–1827)[83].

Der Grabstein des Joseph Adrians ist zwar schon sehr verwittert, fällt aber durch seine besonders eindrucksvolle Gestaltung auf. Dargestellt ist ein kniender Jüngling in antikem Gewand, auf die erlöschende Fackel des Lebenslichtes gestützt.

Dominik Eiter ist auf seinem Grabstein als Auferstehender gezeigt, der seinen Sarg und die durch den Münsterturm angedeutete Stadt Freiburg hinter sich läßt und sich dem Himmel zuwendet. Der weinende Putto am Sarg verkörpert die Trauer der Hinterbliebenen.

Der letzte Freiherr von Harsch, dessen Vorfahr 1713 die Stadt Freiburg im spanischen Erbfolgekrieg gegen Ludwig XV verteidigt hatte, liegt nicht, wie irrtümlich angenommen, auf dem Alten Friedhof begraben. Dort ruhen Carl Freiherr von Harsch, Grundherr zu Holzhausen Ober- und Nieder-Reuthe († 1820) und seine Gemahlin

Johanna geborene Rumpfer († 1836). Diese stehen in keiner verwandtschaftlichen Beziehung zum Geschlecht des Freiburgverteidigers Ferdinand Amadeus von Harsch.

Ferdinand von Harsch († 1722) der wegen seiner Verdienste in den Reichsgrafenstand erhoben wurde, fand sein Grab im Münster. Seine Nachkommen verschlug es nach St. Margarethen am Moos im Österreich. Die dortige Herrschaft hatte er 1719 gekauft.

6. ... und sie nahmen ihr Geheimnis mit ins Grab

Einige Gräber sind von Geheimnis umgeben, von Geschichten um Liebe und Tod, die immer wieder die Phantasie des Volkes beschäftigt haben.

Zu ihnen gehört das Grab des **Major von Hennenhofer** (1793–1850)[84], dem nachgesagt wird, in ein dunkles Kapitel badischer Hofgeschichte verwickelt zu sein. Man verdächtigte ihn als Mörder Kaspar Hausers, ohne daß dies jedoch bewiesen werden konnte.

Sein Lebensweg war ungewöhnlich. Als Sohn eines Gernsbacher Schiffers kam er nach kurzer Tätigkeit in einer Mannheimer Buchhandlung an den badischen Hof nach Karlsruhe, stand in Diensten von Großherzog Karl und begleitete diesen auf Reisen, so auch zum Wiener Kongreß. Sein kometenhafter Aufstieg setzte sich unter Großherzog Ludwig, dem Nachfolger Großherzog Karls, fort. Er wurde 1828 geadelt und Direktor der diplomatischen Sektion im Ministerium des Äußeren unter Minister Berstett. Großherzog Leopold konnte nach seinem Regierungsantritt den von allen Seiten angegriffenen Mann nur noch kurze Zeit im Dienst halten und versetzte ihn 1831 in den Ruhestand. Als Hennenhofer 1850 in Freiburg starb, wurden seine Papiere und Tagebücher durch Beamte des großherzoglichen Hofes beschlagnahmt.

Was hat es nun mit der Kaspar-Hauser-Affäre auf sich? Kaspar Hauser soll der letzte männliche Sproß der legitimen badischen Linie aus der ersten ebenbürtigen Ehe des Großherzogs Karl Friedrich gewesen sein, ein Sohn des Großherzogs Karl – des Enkels von Karl Friedrich – und der Adoptivtochter Napoleons, Stephanie Beauharnais. Durch Helfer der Gräfin Hochberg, der zweiten, in morganatischer Ehe angetrauten Ehefrau Karl Friedrichs, die ihren Söhnen damit die Thronfolge ermöglichen wollte, soll der im September 1812 geborene kleine Erbprinz gegen das kranke Kind einer Bäurin ausgetauscht worden sein, das kurz darauf starb. Im Jahr 1828, 17 Jahre später, tauchte in Nürnberg ein junger, geistig unterentwickelter Mann auf, der besagte Kaspar Hauser, in dem man, einer anonymen Information zufolge, den 1812 geborenen Sohn des Großherzogs Karl vermutete. Fünf Jahre danach wurde er ermordet und Hennenhofer als sein Mörder verdächtigt. Wieviel Staub diese Ereignisse damals aufwirbelten, beschreibt der Karlsruher Journalist Amadeus Siebenpunkt: »Von nun an wird der Fall Kaspar Hauser zu einer badischen Affäre und darüber hinaus zu einer europäischen Sensation. Fürstenhöfe befassen sich mit dem ‚Kind Europas', die öffentliche Meinung entzündet sich an ihm; das Volk in jener romantisch-empfindsamen Epoche sieht in ihm ohnehin das bedauernswerte Opfer höfischer Intrigen und Kabalen ...«.(1)

Die Gestalt Kaspar Hausers hat von Anbeginn zahllose Forscher und Gelehrte, selbst Schriftsteller und Künstler beschäftigt und fasziniert. (Werner Herzogs »Kaspar« ist nur ein Beispiel aus jüngster Zeit). Hier interessiert vor allem die Rolle Hennenhofers. Wie konnte überhaupt ein so schwerwiegener Verdacht aufkommen? Großherzog Karl Friedrich hatte verfügt, daß den Söhnen aus seiner zweiten, zur linken Hand geschlossenen Ehe mit der Gräfin Hochberg die Thronfolge zustehe, falls die männlichen Nachkommen aus seiner ersten Ehe sterben sollten. Nachdem der älteste Sohn in jungen Jahren tödlich verunglückt war, und die beiden anderen Söhne keine Nachkommen hatten, kamen als einzige Erben die Kinder seines Enkels Karl und dessen Frau Stephanie in Frage, als deren ältester Sohn Kaspar Hauser vermutet wurde, und deren zweiter Sohn kaum einjährig gestorben war. Damit konnten mit Großzerzog Leopold die Hochbergs an die Regierung gelangen. Nach einem kürzlich erschienenen Aufsatz über Kaspar Hauser von Lore Schwarzmeier, die Aufzeichnungen des Markgrafen Wilhelm von Baden, des Bruders von Großherzog Leopold ausgewertet hat, sah Markgraf Wilhelm die Wurzel dieser Legende in der badisch-bayerischen Auseinandersetzung um die rechtsrheinische Pfalz, d.h. in einer bayerischen Intrige, durch die die Stellung Badens geschwächt werden sollte. Außerdem sollen die Gegner der Monarchie im Vormärz die Kaspar-Hauser-Geschichte im politischen Kampf gegen das Haus Baden benutzt haben.(2)

Wie auch immer es gewesen sein mag, und ob überhaupt etwas an der Legende wahr ist ... der Schleier über diesem Geheimnis wird wohl nie ganz gelüftet werden können.

Der Grabstein des Majors von Hennenhofer mußte jedoch bald entfernt werden, da er immer wieder mit der Aufschrift »Mörder« geschändet wurde.

Von Liebe erzählen die Legenden, die sich um das Grab der jungen **Caroline Christine Walter** von Opfingen (1850–1867)[9] ranken. Das schlafende Mädchen aus Stein, das auf der faltenreichen Decke des steinernen Ruhebettes liegt, ist eines der schönsten und bekanntesten Gräber des Alten Friedhofs. Der Volksmund erzählt, daß ihr Geliebter ihren Tod nicht verwinden konnte und jahrein, jahraus Blumen an ihr Grab brachte. Liebe ist unsterblich, und so wird ihr Grab auch heute noch täglich wie durch geheime Abmachungen durch Blumen unbekannter Spender geschmückt. Das junge Mädchen hält ein aufgeschlagenes Buch in der Hand, in das die Worte eingemeißelt sind: »Es ist bestimmt in Gottes Rath, daß man vom Liebsten was man hat, muß scheiden.« Auf einer zu ihren Füßen angebrachten Tafel steht ihr Name und der Hinweis, daß ihr dieses Denkmal von ihrer einzigen Schwester, Selma Schleip, geb. Walter, errichtet wurde.

Selma Schleip hatte den Konzertmeister Carl Christoph Schleip geheiratet, dessen erste Frau Pauline Marie, geb. Osterloff, verw. Nagel (1824–1862)[14], nach der Geburt des ersten Kindes im Kindbett gestorben war, und die mit ihrem toten Kind neben Caroline Christine Walter ruht. Carl Christoph Schleip stammt aus Thüringen, war als junger Mann nach St. Petersburg gegangen und hatte dort Karriere gemacht. 1859 verließ er Rußland und kam nach Freiburg, wo Herr Osterloff mit seiner verwitweten Tochter weilte, die Schleip in St. Petersburg kennengelernt hatte. Er kaufte 1861 ein Anwesen in der Gartenstraße Nr. 4 beim Breisacher Tor, das er nach der Heirat mit seiner Frau bezog. Ein Bild dieses Hauses und der umgebenden lieblichen Landschaft befindet sich im Besitz der heute noch in Freiburg lebenden Nachkommen, und jeder Freiburger wird bei dessen Anblick kaum die Veränderung fassen können, die seither mit Freiburg geschehen ist. Schleip beschreibt in seinem Tagebuch seinen neuen Besitz so: »Wir freuen uns über unser reizendes Heim; dann namentlich über die idyllische Lage des Gutes. Es war angepflanzt mit 2½ Morgen Reben, einem Morgen Wiesen, Obstgarten, Gemüsegarten, 400 verschiedenen Obstbäumen und mitten durch floß ein kristallklarer Forellenbach, neben dem eine idyllische Eremitage stand. ... wir bekamen einen reichen Obstherbst und noch reicheren Traubenherbst.«(3)

Nach dem Tod seiner ersten Frau lernte er 1864 Selma Walter kennen: »Selma hat in ihrer Markgräfler Tracht einen sehr günstigen Eindruck auf mich gemacht.« Die neue junge Frau brachte ihre Schwester Caroline mit ins Haus, die bald darauf in Freiburg starb.

Zu den besonders bekannten Gräbern gehört auch das der **Margaretha Regina Küßwieder** (1732–1790)[85], allerdings weniger wegen der außerordentlichen Schönheit des Grabsteins, als wegen des Grabspruchs für Margaretha, die Mutter von neun Kindern war: »Sie war ganz doch nicht zu sehr Mutter«. Diese Inschrift wurde in der bisherigen Literatur über den Alten Friedhof auf verschiedenartigste Weise gedeutet. Eine naheliegende, bisher noch nicht abgegebene Deutung möchte ich hinzufügen; vielleicht meint der Grabspruch, daß die hier Ruhende, die ja nicht nur Mutter, sondern auch Ehefrau war, über ihrer Mutterliebe ihre Pflichten als Ehefrau nicht vergessen hat.

III. Die St. Michaelskapelle

Vor der St. Michaelskapelle steht ein hohes Steinkreuz, das sich mit großer Wahrscheinlichkeit ursprünglich auf der Nordseite des Münsterplatzes befand und 1785 auf den Alten Friedhof versetzt wurde.(1) Der zu Füßen des Kreuzesstammes liegende steinerne Totenschädel hat wegen seiner unheimlichen Gestaltung schon immer die Phantasie der Friedhofsbesucher beschäftigt. Vom linken Oberkiefer führt ein dicker gebogener Nagel zum Mund. Unter dem rechten Unterkiefer hockt eine Kröte. Die Sage berichtet von einem alten Schmied am Christoffelstor und seiner jungen Frau, die in sündiger Liebe zu einem Schmiedegesellen entbrannte. Die beiden ermordeten den alten Schmied, um ihre Liebe verwirklichen zu können. Die Tat blieb zunächst unentdeckt. Als aber wenige Jahre später das Grab wieder belegt werden sollte, und die Leiche exhumiert wurde, bemerkte der Totengräber den in den Schädel getriebenen Nagel. Die beiden Schuldigen wurden zur Rechenschaft gezogen und mußten ihre Tat sühnen.

Kunstgeschichtlich gedeutet, ist es der Schädel Adams, der am Fußende des Kreuzes Christi liegt – sinnfälliges Zeichen für die Erlösung der Menschheit von der Erbsünde durch den Opfertod Christi. Der die Volksphantasie beflügelnde »Nagel« wäre danach die Schlange, die, wie die Kröte, als Sinnbild der Vergänglichkeit alles Irdischen fungiert. Eine ganz ähnliche Bedeutung hat die Darstellung des antiken Zeitgottes Chronos links vom Choreingang in der Michaelskapelle.

Wie bereits erwähnt, hatte die Michaelskapelle einen (wesentlich kleineren) Vorgängerbau, der im Jahre 1722 errichtet worden war. Er wurde durch eine private Stiftung des Obristmeisters und Bürgermeisters Philipp Jakob Spindler und ein Vermächtnis des Bärenwirts Andreas Pflug möglich.(2) Spindler stiftete auf dem Totenbett noch zusätzlich eine Pfründe für das Abhalten von regelmäßigen Gottesdiensten. Im Jahre 1725 wurde die Kapelle als Armenseelenkapelle, wie üblich unter dem Patrozinium des Erzengels Michael – denn er ist es, der die Seelen »ins heilige Licht« führt –, geweiht.(3)

Ihre heutige Gestalt erhielt die Michaelskapelle zwischen 1753 und 1760 mit Geldern, die der »Storchen«-Wirt Andreas Zimmermann gesammelt hatte. Sicherlich war seine Aktion nicht ganz uneigennützig: An der Außenfassade des Neubaus ließ er sein Bildnis mit der Inschrift anbringen: »Den Anbau ich besorget hab, zum Dank die Hilf hoff in dem Grab. Den 6. July 1757«(4). Es mag dahingestellt bleiben, ob es sich dabei um einen einfachen Erweiterungsbau handelte, oder ob aufgrund der Beschießung der Stadt im Jahre 1744 die Kapelle zerstört wurde, und ein Neubau nötig war. Sicher ist, daß die Kapelle zweihundert Jahre später bei dem schweren Bombenangriff im November 1944 stark beschädigt wurde. Da ein großer Teil der Stadt damals in Schutt und Asche lag, mußten zunächst dringlichere Aufbauarbeiten geleistet werden, bevor mit der Wiederherstellung der Friedhofskapelle begonnen werden konnte. Im Dezember 1963 war sie schließlich so wiederhergestellt, wie wir sie heute vor uns haben.

Das Innere der Kapelle konnte dabei im wesentlichen in den ursprünglichen Zustand versetzt werden, so daß wir heute wieder den Eindruck eines kleinen Rokokosaalkirchleins haben. Wie Julius Dorneich in seinem Büchlein über den Alten Friedhof berichtet, wurden die Deckengemälde, die kurz vor dem Einsturz der Decke gerettet werden konnten, wieder eingesetzt, die Stukkaturen an der Decke nach Fotos und Zeichnungen genau wiederhergestellt. Nur die alten Wandbilder in den Stuckrahmen zwischen den Fenstern wurden nicht mehr erneuert, sondern durch Farbtönungen ersetzt.[5] Die Deckengemälde schuf der Tiroler Maler Johann Pfunner, der 1742 in der Stadt zünftig wurde und bald in Freiburg und Umgebung so angesehen und bekannt war, daß er zahlreiche Aufträge erhielt. Im Mittelbild ist Christus vor der Auferstehung dargestellt, vor dem Chor die Erweckung des Lazarus und bei der Eingangstüre die Erweckung des Jünglings von Naim. Die Hauptbilder sind von Medaillons mit symbolisch-allegorischen Darstellungen umgeben, jeweils durch einen kurzen lateinischen Spruch erläutert. So zeigt beispielsweise eines der Embleme eine einsame Sonnenblume in einer Berglandschaft, auf die die Sonne herabscheint. Die entsprechende Inschrift lautet: »Ut respexit erexit« (Wie sie sie angeschaut hat, hat sie sie aufgerichtet – die Sonne die Blume). Josef Dotter deutet die Darstellung im Zusammenhang mit dem Hauptdeckengemälde in der Weise, daß Christus im Grab durch Gott wieder zum Leben aufgerichtet wird[6].

Die beiden Bilder an der Chorbogenwand sind, wie bereits an anderer Stelle erwähnt, wahrscheinlich ein Werk von Johann Caspar Brenzinger, der vorübergehend auch Hofmaler in St. Blasien war und dessen Monogramm JCB im Gemälde des Chronos entdeckt wurde. Rechts gemahnen drei seifenblasenspielende Putti, links der Zeitgott Chronos mit Sense und Stundenglas an die Vergänglichkeit des Lebens. Über beiden Darstellungen unterstreicht das Zifferblatt einer Uhr die damit verbundene Ermahnung: memento mori!

Das Hauptgemälde des Hochaltars im Chor zeigt die armen Seelen mit ihren Fürbittern und dem Erzengel Michael vor der Heiligen Dreieinigkeit. Es ist ein Werk von Simon Göser, der 1765 von Oberschwaben in den Breisgau kam und 1775 in Freiburg zünftig wurde. Zu seinen Hauptwerken gehört die Ausmalung des Kapitel und Fürstensaales im Kloster St. Peter. Die beiden Seitentafeln mit der Darstellung von Petrus und Maria Magdalena sind nicht signiert, werden aber dem Maler Anton Küßwieder zugeschrieben.[7] Beachtenswert ist das Antependium, die hölzerne Vorsatzplatte am Altartisch, die, nach Josef Dotter, eine sehr seltene Darstellung zeigt: Die Auferweckung der Toten, aber nicht im geläufigen Sinne, sondern der Toten Israels nach der Vision des Propheten Ezechiel.[8] Leider ist der Maler unbekannt. Die beiden Seitenaltäre standen wahrscheinlich ursprünglich in der Martinskirche. Dargestellt sind der Hl. Nepomuk und Maria mit dem Kind. Rechts und links von der Seitenaltären stehen jeweils zwei weißstuckierte Heiligenstatuen: St. Barbara und St. Katharina, sowie St. Anton von Padua und St. Aloisius. Ingeborg Krummer-Schroth ordnet sie einem Meister aus dem Wentzingerkreis, vermutlich Fidelis Sporer, zu.[9]

Links vom Hochaltar erinnert eine Gedenktafel an den Stifter Philipp Jakob Spindler, welcher selbst aber noch im Münster begraben wurde.

Zwei Kunstwerken im Inneren der Kapelle sollte man besondere Aufmerksamkeit zuwenden: Dem Kruzifixus am Triumphbogen und dem Kreuzigungsrelief über der Sakristeitür (Original im Augustinermuseum), das vermutlich Wentzinger schuf.

Leider befindet sich das Äußere der Kapelle nicht mehr im ursprünglichen Zustand. So fehlt beispielsweise die Fassadenmalerei. Besonders bedauernswert ist aber, daß der berühmte im Jahr 1757 geschaffene Rokoko-Totentanz in der Vorhalle nicht gerettet werden konnte, da in der Zeit von 1944 bis zur Renovierung 1963 Witterungseinflüsse die Bilder zu stark beschädigt hatten. Man entschloß sich aber, bei der Wiederherstellung der Kapelle die Totentanzdarstellungen zu erneuern. Der Innsbrucker Maler Wolfram Köberl ließ nach den alten Vorbildern und mit den ursprünglichen Inschriften den Freiburger Totentanz wiedererstehen. Wer sich eine Vorstellung davon machen möchte, wie die Freiburger Totentanzbilder vor der Bombennacht 1944 ausgesehen haben, sollte sich die Friedhofskapelle in Herten bei Rheinfelden ansehen. Dort hat Dominik Weber eine Kopie des Freiburger Totentanzes gemalt, nachdem er diesen 1856 in Freiburg restauriert hatte.

Ansicht der Michaelskapelle mit den umliegenden Gräbern vor dem letzten Weltkrieg.

Zu den Totentanzdarstellungen allgemein vielleicht soviel: Es fällt auf, daß der Freiburger Zyklus in einer Zeit gemalt wurde, in der der Totentanzgedanke nicht mehr die Bedeutung hatte wie im Mittelalter. Denn damals war er vor dem Hintergrund des Massensterbens durch den »Schwarzen Tod« entstanden, der den Menschen ihre Ohnmacht und ihre erbärmliche Kleinheit vor Augen führte. Ihnen sollte gezeigt werden, daß im Angesicht des Todes weder Macht, noch Reichtum, noch Wissen von Bedeutung sind. Er reißt den Menschen die Larve vom Gesicht. Jeder, gleichgültig welchen Standes, wird als armer Sünder vor dem Gericht Gottes stehen. Die Totentanzdarstellungen sollten die Menschen zum Nachdenken, zur Buße und zum Able-

Der Angriff auf Freiburg am 27. 11. 1944 hat auch auf dem Alten Friedhof Spuren hinterlassen. Die Decke der Kapelle stürzte bald danach ein.

gen aller Eitelkeit bringen. Außerdem warnten sie vor einem unvorbereiteten, unbußfertigen Tod und unterstrichen damit die religiösen Anliegen der Bußprediger. Sie mahnten an Außenwänden von Friedhofskapellen, an Beinhäusern, Kirchhofsmauern und Kreuzgängen. Ein tieferer Grund für die außergewöhnlich starke Verbreitung von Totentanzdarstellungen im Mittelalter mag in der Vorstellung des Menschen gelegen haben, durch die Darstellung des Todes den Tod bannen zu können – im Sinne einer Abwehrmagie.

Die ersten Totentanzdarstellungen zeigten verweste Tote im grauenvollen Reigentanz mit Neuverstorbenen, wohl beeinflußt durch den alten Volksglauben, daß die armen Seelen um die Mitternachtsstunde über den Gräbern tanzen. Aus dem Tanzreigen wurden später Tanzpaare. Zum Tanzpartner wurde der Tod selbst, in

Blick in den Innenraum der wiederhergestellten Michaelskapelle.

vielfältiger Gestalt gezeigt, oft als abstoßendes, grauenerregendes Schreckgespenst. Die große Zeit der mittelalterlichen Totentänze endet mit dem berühmten Totentanz von Hans Holbein in Basel.

Im Freiburger Totentanz aus dem 18. Jahrhundert erscheint kein wilder Knochenmann, sondern ein schön gestaltetes Gerippe, dem alle drohenden, dämonischen Züge fehlen. Er kommt als liebenswürdiger Tod zu den einzelnen Lebensaltern und Ständen. Wie Hanns Reich schreibt, hat »diese Totentanzdarstellung einen heiter-gelassenen Geist auch vor den letzten Entscheidungen, auch vor der bitteren Notwendigkeit, von dieser schönen Erde scheiden zu müssen, zu jeder Stunde, in jedem Alter« und gab damit dem »gespenstischen Thema etwas Versöhnliches«.(10)

Im Freiburger Totentanz sind aber auch Bildinhalte

mittelalterlicher Todessymbolik aufgenommen. Dem Kind in der Wiege erscheint der Tod als Spielmann, eine im deutschen Volksglauben weit verbreitete Vorstellung, die sich auch in der aus dem 13. oder 14. Jahrhundert stammenden Sage des »Rattenfängers von Hameln« wiederspiegelt. Nach der Präsentation der verschiedenen Lebensalter sind beispielhaft einzelne Standesvertreter darsgestellt. Gezeigt werden soll, daß »Jedermann« den Tod zu erwarten hat – memento mori und Überzeugung einer letzten übergreifenden Gerechtigkeit im Tod. Man erkennt den Tod als »apokalyptischen Reiter«, eine auf die Offenbarung des Johannes zurückgehende Vorstellung. Hier reitet er auf einem Pferd, das er samt Kutsche eines Adligen in den Abgrund treibt. Dem Bauern erscheint er als Totengräber. Der Tod als Totengräber ist erstmals in einer Handschrift aus dem 13. Jahrhundert nachweisbar.[11]

Das letzte Bild zeigt den Geizhals, es könnte auch ein Wucherer sein. Zusammen mit dem Spruch soll das Bild den Betrachter daran erinnern, daß angesichts des Todes aller angehäufte Reichtum sinnlos ist. Die Uhr in der Darstellung zeigt kurz vor 12. Durch die Fensteröffnung sieht man die Friedhofskapelle: Die Stunde des Todes ist nah.

Der besondere Reiz des Freiburger Totentanzes liegt somit auch darin, daß die »Mahnpredigt« in der Vorhalle in die heimische Landschaft gestellt ist: Außer der Michaelskapelle können wir den Münsterturm, die Zähringer Burgruine und ein Schwarzwaldhaus erkennen.

Durch die Bilder über den Fenstern in der Vorhalle und in der Kapelle wird der Inhalt dieser »Predigt« ergänzt. In der Vorhalle sieht man über dem rechten Fenster eine Apotheke. Der Apotheker weist jedoch auf das Bild über dem linken Fenster. Was seine Geste ausdrückt, erläutert der Spruch in dem Bild: »Es Hüllft zue letzt kein medicin, Willst ein Arztneu gehe dorten hin«. »Dorten« ist eine Kirche mit Altar und Beichtstuhl mit den Sprüchen »Gott lieben und empfangen, Wir all gueten Todt erlangen« und »Du findest daß Leben, daß dort Dir Gott will geben«. Im Inneren der Kapelle sind die dazugehörigen Bilder über den Fenstern der Eingangs-

Ausschnitte aus dem alten Totentanz.

wand kaum noch zu erkennen. Bei der Darstellung eines Todkranken, der die letzte Ölung erhält, steht geschrieben »Wer also stirbt wohl zuegericht, Im Tod nicht forcht das letst Gericht«. Über dem anderen Fenster sieht man nur noch verschwommen ein Leichenbegängnis. Der dazugehörige Spruch lautet »Bis zue dem grab begleuth man dich, Liegst in dem Grab vergüst man dich«.

Zusammen mit der Darstellung des Jüngsten Gerichts in der Mitte des Totentanzes findet der Besucher auch hier in der St. Michaelskapelle auf dem Alten Friedhof die Heilsbotschaft.

Sie ist auf andere Art und Weise in Szene gesetzt als beispielsweise in der Vorhalle des Freiburger Münsters, aber sicherlich auf ihre Art höchst eindrucksvoll.

Viele Namen ließen sich noch erwähnen und damit manches Schicksal und Ereignis, das für die Freiburger Vergangenheit bedeutsam ist. Es fällt auf, daß die meisten Familien, die im Mittelalter in Freiburg lebten, verschwunden sind. Kriege und Seuchen haben sie ausgelöscht. Viele der heute alteingesessenen Bürgerfamilien

Hier schlafft das kindt dort ewig wacht
weil ihm der Todt ein Music macht
Das A B C kaumb schreibt der knab
Rüefft ihn der Todt schon in das gra

Die schwarze Mehslil ich vor dich
Die Hielt darvor hot ich vor mich
Beim pflueg der baur das brodt gewin
Beim pflueg den baur der Todt auch nim

Zue fechten Zue spihlen die Jugendt ist gwohnt
Dem alter der Jugendt der Todt nit verschont
Die besser als der puder

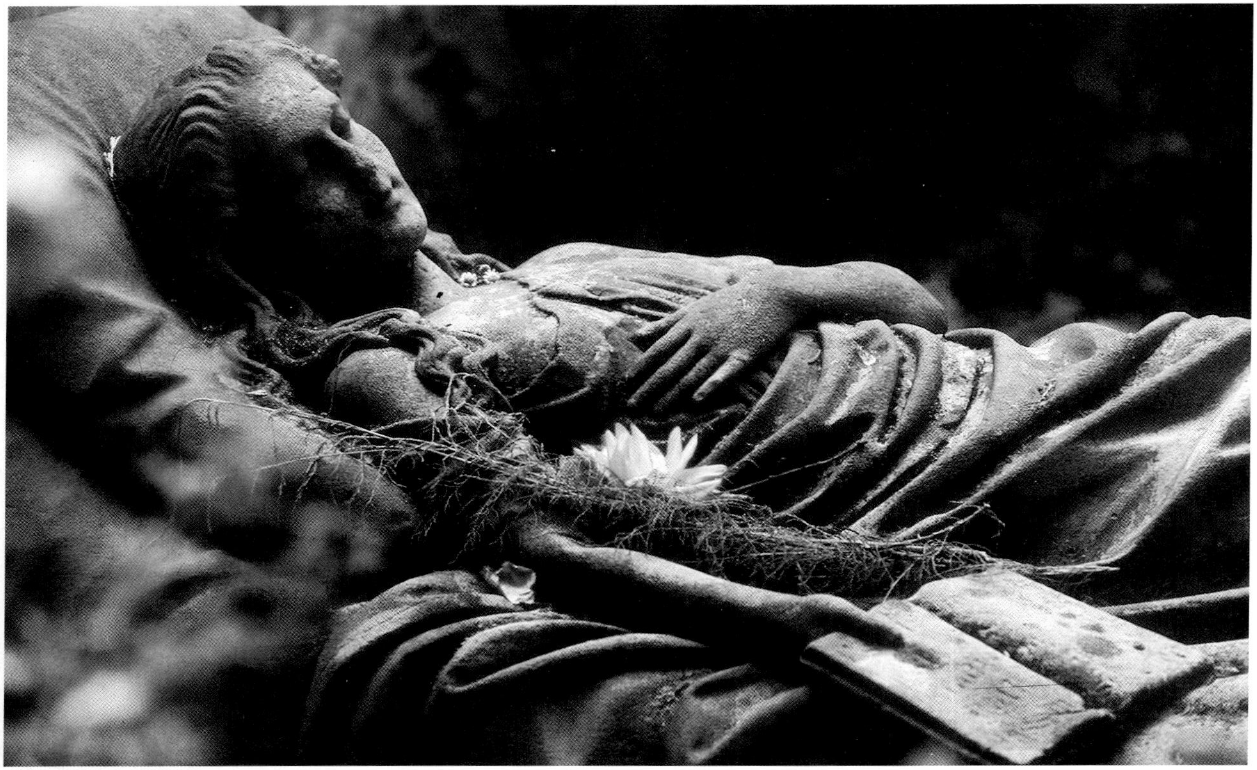

Das bekannteste Grab ist das der jungen Caroline Christine Walter.

kamen im 17., 18. und 19. Jahrhundert aus Frankreich, Savoyen, Österreich, Tirol, Vorarlberg, aus der Schweiz oder auch aus nähergelegenen Gebieten, wie zum Beispiel aus dem Schwarzwald und aus dem Elsaß, aus Hessen, Schwaben und Franken. Die meisten der Einwanderer heirateten Freiburger und verbanden sich dadurch mit der alteingesessenen Bevölkerung. Dabei ist besonders erwähnenswert, daß nicht nur die Töchter, sondern vor allem die Witwen von Handwerksmeistern und Geschäftsleuten begehrte Ehepartner waren.

Leider lassen sich nur die Schicksale und die Bedeutung von Familien mit gehobener wirtschaftlicher und gesellschaftlicher Stellung verfolgen. Viele der Menschen, die auf dem Alten Friedhof ihre letzte Ruhe gefunden haben, sind vergessen, in die Anonymität eingetaucht, der Vergänglichkeit preisgegeben. Nicht einmal ihre Namen kennen wir mehr.

So zeigt der beigefügte Auszug aus den Begräbnisbüchern für das Jahr 1929/30, in dem die Begräbnisse mit Kosten vermerkt wurden, teilweise keine Namen. Besonders bei den Insassen des Armenspitals erfolgten allenfalls Hinweise auf den Beruf des Verstorbenen.

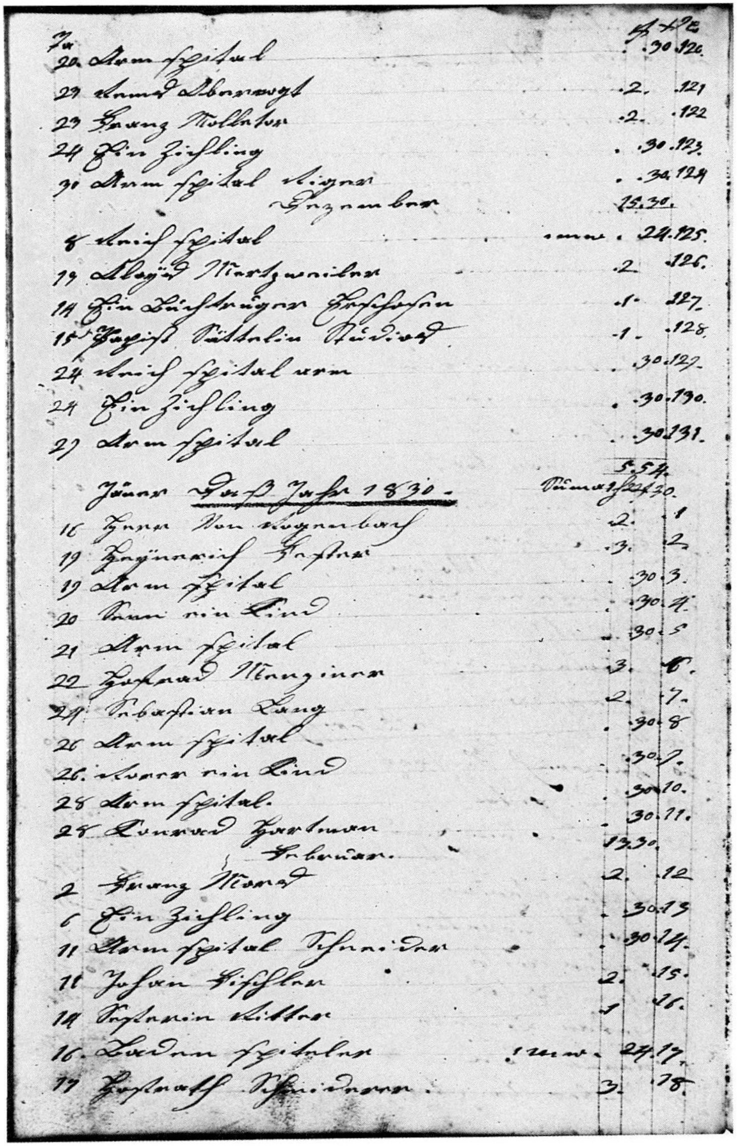

Jn		fl.	kr. №
20.	Armenspital	.30	120.
21	Conrad Oberrogt	.2.	121
23	Franz Molleker	.2.	122
24	Ein Zichling	.30	123.
31	Armenspital Aigner	.30	124
	December	15.30.	
8	Armenspital [illegible]	24	125.
19	Alogius Markzweiler	.2	126.
14	Ein Buchträger [illegible]	.1.	127.
15	Joseph [illegible]	.1.	128.
24	Armenspital arm	.30	129.
24	Ein Zichling	.30	130.
27	Armenspital	.30	131.
		5.54.	
	Jänner Das Jahr 1830.	[illegible] 30.	
16	Herr Von [illegible]	.2.	1
19	[illegible]	.3.	2
19	Armenspital	.30	3.
20	[illegible] ein Kind	.30	4.
21	Armenspital	.30	5
22	Gerhard Manzinger	3.	6.
24	Sebastian Lang	2.	7.
24	[illegible]	.30	8
26	Armenspital	.30	9.
26.	[illegible] ein Kind	.30	10.
28	Armenspital.	.30	11.
28	Conrad Hartmann	13.30.	
	Februar.		
2	Franz Mors	2.	12
6	Ein Zichling	.30	13
11	Armenspital Schneider	.30	14.
11	Johann Tischler	2.	15.
14	[illegible] Ritter	1	16.
16.	[illegible]	24.	17.
17	[illegible] Schneiderin.	3.	18.

Verzeichnis der Grabmäler

[1] Straumann
[2] Streicher
[3] Wolfinger
[4] Wetzel
[5] Kermann
[6] de Cetto
[7] Montfort (Vorhalle)
[8] Beck
[9] Walter
[10] Sautier
[11] von Bargher
[12] Meißburger
[13] Imberi
[14] Schleip
[15] Hosner
[16] Riescher
[17] Wentzinger
[18] Hirscher
[19] Wanker
[20] Jacobi
[21] von Kageneck
[22] von Baden
[23] Schnewlin
[24] von Berstett
[25] von Stürzel (Kapelle)
[26] von Gleichenstein
[27] von Drais
[28] Glockner
[29] Pyhrr
[30] Kuenzer
[31] Krebs
[32] Mez
[33] Keller
[34] Ganter
[35] Ringwald
[36] Federer
[37] Danz
[38] Rieder
[39] Usländer
[40] Erggelet
[41] Ruckmich
[42] Brenzinger
[43] Rosset
[44] Kapferer
[45] Mendelssohn-Bartholdy
[46] Knie
[47] Colombi
[48] Livingstone Power
[49] Clarke
[50] Hardcastle
[51] Staravasnig
[52] Ecker
[53] von Mederer (Vorhalle)
[54] von Ittner (westl. Kapellenaußenwand)
[55] Hug
[56] Rotteck
[57] Duttlinger
[58] Herder
[59] Poppen
[60] Rinderle
[61] Geiges
[62] Knittel
[63] Glänz
[64] Feuerbach
[65] Weiß
[66] Pfost
[67] Mirabeau
[68] d'Iselin de Lanan
[69] de Reinach-Heidwiller
[70] von Thurn-Valsassina (Augustinermuseum)
[71] von Greiffenegg
[72] Milfehrl (Vorhalle)
[73] St. Peter Mönche (Vorhalle)
[74] Ursulinen
[75] Nonnen vom Kloster Adelhausen
[76] Waenker von Dankenschweil
[77] von Berg
[78] 48er Revolution
[79] 49er Revolution
[80] 1870er Krieg
[81] Eiter
[82] Adrians
[83] Andre
[84] Hennenhofer
[85] Küßwieder

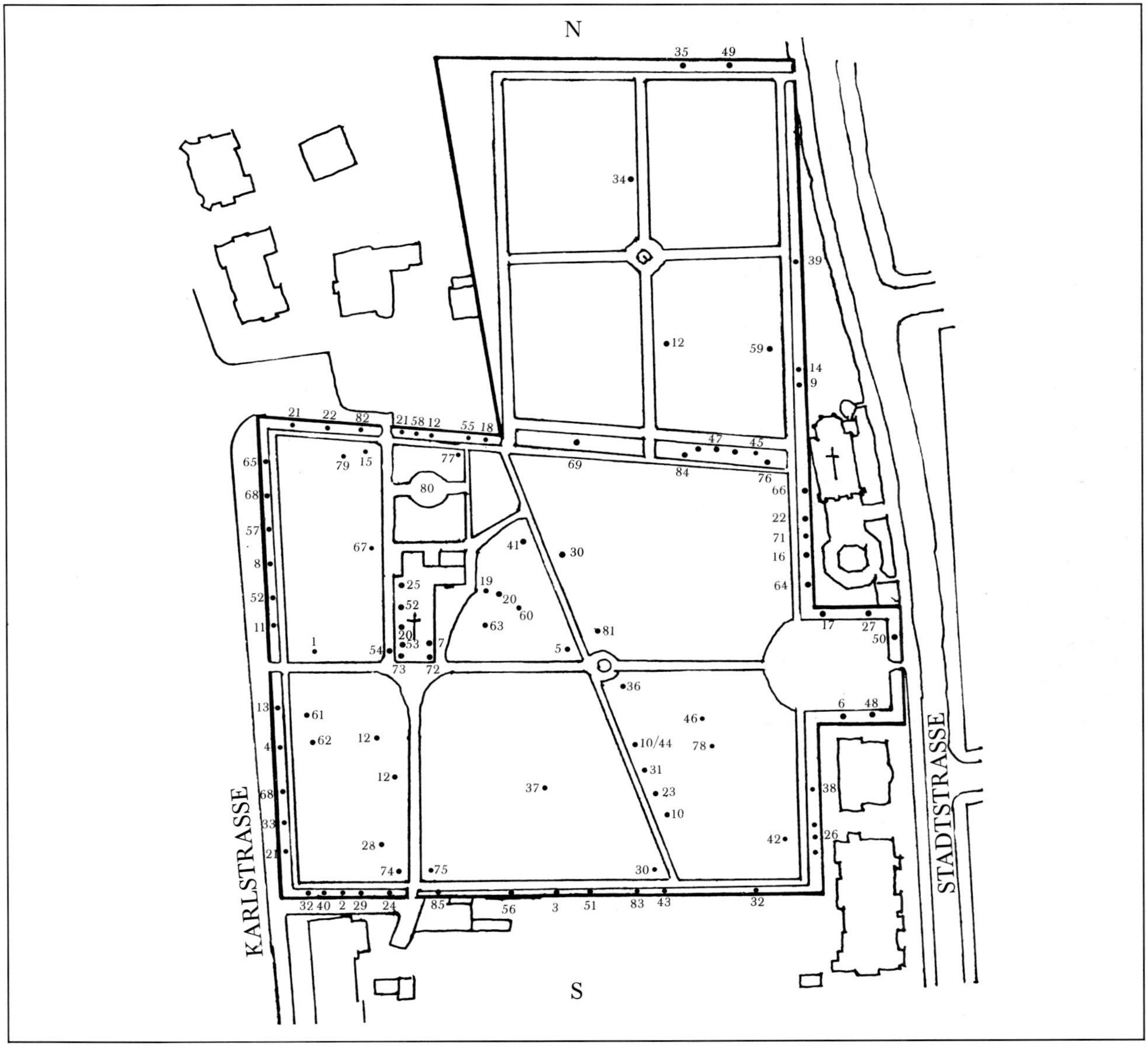
N
S
KARLSTRASSE
STADTSTRASSE

Fußnoten

I. Friedhofsgeschichte und Grabikonographie auf dem Alten Friedhof.

(1) Johannes Schweizer, Kirchhof und Friedhof, Linz 1956, S. 122
(2) Adolf Hüppi, Kunst und Kult der Grabstätten, Olten und Freiburg i. Br. 1968, S. 66
(3) Wolfgang Müller, Mittelalterliche Formen kirchlichen Lebens am Freiburger Münster, in: Freiburg im Mittelalter, Bühl 1970, S. 166
(4) Hüppi, Kunst und Kult, S. 339
(5) Adolf von Poinsignon, Die alten Friedhöfe der Stadt Freiburg i. Br., in: Adreßbuch der Stadt Freiburg, 1890, S. 1
(6) Friedrich Kempf, Ausgrabungen im Münster zu Freiburg, in: Freiburger Diözesanarchiv 60, 1932, S. 29
(7) von Poinsignon, Die alten Friedhöfe, S. 12
(8) Philippe Ariès, Bilder zur Geschichte des Todes, München, Wien 1984, S. 250
(9) Johann Georg Jacobi, in: Iris Ein Taschenbuch für 1813; S. 236
(10) Johann Wolfgang von Goethe, Belagerung von Mainz, in: J.W.v.G., Werke Bd. 10, Hamburg 1966, S. 366
(11) Paul Zanker, in: Jahrbuch des Deutschen Archäologischen Instituts 90, 1975, S. 288
(12) Zanker, Jahrbuch, S. 285
(13) Thomas Schwarz, Wird wieder erwachen, Wissenschaftliche Arbeit f.d. Lehramt an Gymnasien, Freiburg 1980, S. 36 (Manuskript)
(14) Schwarz, Wird wieder erwachen, S. 47
(15) Schweizer, Kirchhof, S. 92 f.
(16) Badische Zeitung vom 9.6.1986

II. Geschichten und Geschichte

1. Alte Adelsgeschlechter

(1) Johann Daniel Schöpflin, Alsatia Illustrata, 1751–61, Zitat nach Heinrich Julius von Kageneck, Geschichte der gräflichen Familie von Kageneck, S. 5
(2) Alfred Graf von Kageneck, Zur Geschichte des Breisgauischen Adels, in: Schauinsland 86, 1968, S. 15
(3) Zitat nach Hermann Nehlsen, Die Freiburger Patrizier-Familie Snewlin, Freiburg 1967, S. 1
(4) Zitat nach Nehlsen, Snewlin, S. 1
(5) Nehlsen, Snewlin, S. 48
(6) Nehlsen, Snewlin, S. 50
(7) Nehlsen, Snewlin, S. 89
(8) Nehlsen, Snewlin, S. 137
(9) Franz Josef Gemmert, August Freiherr von Berstett – der Begründer der oberrheinischen Münzgeschichte, in: Alem. Jahrbuch 1958, S. 329
(10) Gemmert, Freiherr von Berstett, S. 330
(11) Kageneck, Geschichte d. Breisgauer Adels, S. 14
(12) Andreas Dietzel, Geschichte des Weinguts des Hans-Joachim Freiherr Hubert von Gleichenstein in Oberrotweil am Kaiserstuhl, Privatdruck 1984, S. 41
(13) Dietzel, Von Gleichenstein. S. 42
(14) Wilhelm Schlang, Die Museumsgesellschaft zu Freiburg i. Br. Freiburg 1907, S. 2
(15) Schlang, Die Museumsgesellschaft, S. 7
(16) Schlang, Die Museumsgesellschaft, S. 9
(17) Zitat nach Leonhard Müller, Karl Friedrich Ludwig Christian Freiherr Drais von Sauerbronn 1785–1851, in: Bad. Heimat Heft 2/65, 1985, S. 457

2. Bürgerfamilien

(1) Albrecht Keller, Geschichte der Familie Glockner zu Freiburg i. Br., Freiburg 1904, S. 2
(2) Keller, Glockner, S. 9
(3) Keller, Glockner, S. 10
(4) Keller, Glockner, S. 10
(5) Keller, Glockner, S. 10
(6) Keller, Glockner, S. 11
Wer sich über das düstere Kapitel der Hexenverfolgung in der Region unterrichten will, dem sei Ingeborg Hechts Büchlein »Hexenwahn am Oberrhein« empfohlen.
(7) E. Gothein, Die Bohrer und Balierer, in: Wirtschaftsgeschichte des Schwarzwaldes, Straßburg 1892, S. 566
(8) Rudolf Metz, Edelsteinschleiferei in Freiburg und im Schwarzwald und deren Rohstoffe, Lahr 1961, S. 48
(9) Metz, Edelsteinschleiferei, S. 63
(10) Metz, Edelsteinschleiferei, S. 63
(11) Metz, Edelsteinschleiferei, S. 10
(12) Metz, Edelsteinschleiferei, S. 23
(13) Clara Pyhrr, Auszug aus der Familienchronik Pyhrr, Freiburg 1921, Privatmanuskript, S. 1
(14) Walter Vetter, Freiburg seine Sehenswürdigkeiten, Freiburg, 1978, S. 182

(15) Krebs, Im Wandel der Generationen 1721–1771, Darmstadt 1921, S. 11
(16) Krebs, Bankhaus, S. 28
(17) Krebs, Bankhaus, S. 43
(18) Engelbert Krebs, Alte Freiburger Bürgerfamilien, Freiburg 1922, S. 11
(19) Krebs, Alte Bürgerfamilien, S. 18
(20) Krebs, Alte Bürgerfamilien, S. 26
(21) Krebs, Alte Bürgerfamilien, S. 29
(22) Krebs, Alte Bürgerfamilien, S. 29
(23) Johann Baptist Rieder, Aufzeichnungen, Kap. 3, Stadtarchiv Freiburg (ungedruckt)
(24) Rieder, Aufzeichnungen, Kap. 3, S. 60
(25) Rieder, Aufzeichnungen, Kap. 3, S. 56
(26) Volksbank Freiburg, Geschäftsbericht 1973, S. 2
(27) Krebs, Alte Bürgerfamilien, S. 10
(28) Eduard Erggelet, Lebenserinnerungen (ungedruckt, Privat) Freiburg 1923
(29) Irma Schüle, Seit 1827 Ruckmich das Haus für Musik, Privatdruck 1985, S. 1
(30) Heinrich Brenzinger, Das Geschlecht der Brenzinger, Bd. 1 1949, S. 14 (Privatdruck)
(31) Brenzinger, Geschlecht Brenzinger, S. 305
(32) Brenzinger, Geschlecht Brenzinger, S. 332
(33) Brenzinger, Geschlecht Brenzinger, S. 273
(34) Karl Martin, Die Einwanderung aus Savoyen nach Südbaden, in: Schauinsland 65/66, 1938/39, S. 6
(35) Martin, Die Einwanderung, S. 10
(36) Martin, Die Einwanderung, S. 63
(37) Joseph Willmann, Die Strafgerichtsverfassung der Stadt Freiburg bis zur Einführung des neuen Stadtrechts (1520), Freiburg 1917, S. 9
(38) Herbert Wiedemann, Familie Rosset 300 Jahre in Freiburg, in: Frbg. Almanach 1984, S. 90
(39) Martin, Die Einwanderung, S. 28
(40) Wiedemann, Familie Rosset, S. 90
(41) Wiedemann, Familie Rosset, S. 91
(42) Wiedemann, Festschrift Familie Rosset 300 Jahre in Freiburg, 1983 Privatdruck, S. 12
(43) Wiedemann, Familie Rosset, S. 92
(44) Wiedemann, Familie Rosset, S. 93
(45) Balthasar Wilms, Die Zunft zum Falkenberg in Frbg. i. Br., Freiburg 1925, S. 344
(46) Breisgauer Chronik Nr. 20, 1913. (Beilage zum Freiburger Bote), Samstag den 25.10.1913

3. Fremde in Freiburg

(1) Ingeborg Krummer-Schroth, Oberrheinisches Mosaik, Freiburg 1974, S. 171
(2) Familienchronik des Schweizer National-Circus Knie, Privatdruck
(3) Nachlaßakten im Stadtarchiv Freiburg
(4) William von Schröder, Neue Kunde über die Besitzer des Freiburger Colombi-Schlößles, in: Schauinsland 73, 1955, S. 127
(5) Paul Bremgärtner, Vom Bauernhaus zum Herrschaftshaus, in: Littenweiler Bote 11, November 1983

4. Künstler, Gelehrte, Verleger

(1) Wolfgang Bock, unveröffentlicher Vortrag vor dem Stiftungsrat, S. 2
(2) Bock, Vortrag, S. 3
(3) Zitat nach Franz Flamm, Die Armen der Stadt Freiburg und die ärztliche Wissenschaft, in: Schauinsland 75, 1957, S. 116
(4) E. Krebs, Alte Freiburger Bürgerfamilien, S. 20
(5) Alexander Ecker, Hundert Jahre einer Freiburger Professoren Familie, Freiburg 1886, S. 32
(6) Ecker, Hundert Jahre, S. 125
(7) Franz Laubenberger, Der Schönehof, in: Freiburger Jahreszeiten 1966, S. 9
(8) Julius Dorneich, Der Alte Friedhof in Freiburg, Freiburg 1968, S. 28
(9) Klaus Poppen, Erinnerungen zum Abschied von der Innenstadt, in: Freiburger Almanach 1987, s. 10
(10) Zitat nach F. Baumgarten, Johann Georg Jacobi, in: Schauinsland 37, 1910, S. 84
(11) Baumgarten, Jacobi, S. 85
(1) Baumgarten, Jacobi, S. 99
(13) Ariès, Bilder, S. 130
(14) Friedrich Hefele, Aus der Geschichte der Familie Geiges, in: Schauinsland 63, 1936, S. 80
(15) Schwarz, Wird wieder erwachen, S. 45
(16) Hubert Meißburger, Herkunft und Familie des Freiburger Barockbaumeisters und Stukkators Johann Joseph Meißburger, in: Schauinsland 102, 1983, S. 155 ff.
(17) Friedrich Kempf, Die Bldhauerfamilie Glänz, in: Schauinsland 34, 1907, S. 49
(18) Franz Flamm, Unveröffentlicher Vortrag: Der Freiburger Armenvater Ferdinand Weiß und seine sozialen Reformen, 1984, S. 8
(19) Franz Flamm, Der Freiburger Armenvater, S. 9 f.
(20) Anton Retzbach, Die Freiburger Armenpflege vom 17. bis zum 19. Jh., in: Zeitschrift für Geschichte von Frbg. Bd. 34, 1918, S. 109
(21) Flamm, Der Freiburger Armenvater, S. 15
(22) Retzbach, Armenpflege, S. 111

5. Gräber als Spiegel der Geschichte

(1) Joseph Sarrazin, General Mirabeau Tonneau, in: Schauinsland 17, 1891, S. 69
(2) ders., S. 69
(3) Hermann Kopf, Greiffenegg – Aufstieg und Ausklang einer Familie, Freiburg, 1974, S. 29
(4) Franz Laubenberger, Freiburg im 19. und 20 Jh., in: Freiburg in der Neuzeit. Hrsg. von Walfgang Müller, Bühl 1972, S. 111
(5) Alfred Graf von Kageneck, Das Ende der vorderösterreichischen Herrschaft im Breisgau, Freiburg 1981, S. 156

(6) Ignaz Speckle, Tagebuch Bd. II., Bearb. v. Ursmar Engelmann, Stuttgart 1966, S. 198
(7) Freiburger Zeitung v. 19.5.1863
(8) Krebs, Bürgerfamilien, S. 23
(9) Krebs, Bürgerfamilien, S. 34
(10) Laubenberger, Freiburg, S. 122
(11) Renate Liessem-Breinlinger, Die Hochzeitsreise der Caroline von Langsdorff, in Geroldsecker Land, Heft 28, 1986

6. ... und sie nahmen ihr Geheimnis mit ins Grab
(1) Amadeus Siebenpunkt, Deutschland deine Badener, Hamburg 1975, S. 175
(2) Lore Schwarzmaier, Der Badische Hof unter Großherzog Leopold und die Kaspar-Hauser-Affäre: Eine neue Quelle in den Aufzeichnungen des Merkgrafen Wilhelm von Baden, in: Zeitschrift für Geschichte des Oberrheins 134, N.F. 95 f. 1986, S. 247
(3) Carl Christoph Schleip, Lebenserinnerungen, S. 13 (Privat)

III. St. Michaelskapelle mit Totentanz
(1) Poinsignon, Die alten Friedhöfe, S. 20
(2) Josef Dotter, Die Malereien in der Kapelle auf dem Alten Friedhof zu Freiburg i. Br., in: Schauinsland 64, 1937, S. 4
(3) Dotter, Malereien, S. 5
(4) Dotter, Malereien, S. 7
(5) Dorneich, Der Alte Friedhof, S. 42
(6) Dotter, Malereien, S. 13
(7) Ingeborg Krummer-Schroth, Bilder aus der Geschichte Freiburgs, Freiburg 1970, S. 200
(8) Dotter, Malereien, S. 26
(9) Krummer-Schroth, Bilder, S. 200
(10) Hanns Reich, Wie die Alten den Tod gebildet, Freiburg 1948, S. 40
(11) Hellmut Rosenfeld, Der mittelalterliche Totentanz, Köln 1954, 3. Aufl. 1974, S. 24

Verzeichnis von Künstlern, die auf dem Alten Friedhof tätig waren

(Auswahl)

Göser, Simon, Maler
Geboren am 26.10.1735 in Gospoldshofen (heute Bad Wurzach, Kreis Wangen/Südwürttemberg), gestorben am 31.3.1816 in Freiburg.
1765 erstmals im Breisgau erwähnt, dann wieder 1769 nach längerer Unterbrechung, 1774 Bürgerrecht in Freiburg, kurz darauf Erwerb eines Hauses in der Konviktstraße (Nr. 43).
Werke (unter anderem): Deckenbild im Speisesaal des Munzinger Schlosses (1767); Deckenmalereien des Fürstensaales in St. Peter (1772); Kopie des Abendmahls von Leonardo da Vinci für die Kapelle des Heiliggeistspitals gemalt, nach der Bombennacht 1944 in die Kartaus gebracht. (1805)
Alter Friedhof: Hauptaltarbild in der Michaelskapelle (1796). Ursprünglicher Totentanz in der Vorhalle der Michaelskapelle (?)

Hauser, Franz Anton Xaver, Bildhauer
Geboren am 23.1.1739 in Freiburg, gestorben am 25.1.1819 in Freiburg, auf dem Alten Friedhof begraben.[1]
Stammt aus der Bildhauerfamilie Hauser, Sohn des bekannten Bildhauers Franz (Xaver) Anton Hauser (1712–1772), meist A.X. Hauser genannt (Taufsteindeckel vom Taufstein im Freiburger Münster, 1768).
Werke von Franz Anton Xaver Hauser unter anderem:
Gedenkplatten für die Herzöge von Zähringen im Chor des Freiburger Münsters (1795); Schalldeckel der Münsterkanzel (1795); Abendmahlgruppe im Freiburger Münster (1806); Standbild Bertholds III. für den Bertholdsbrunnen in der Kaiser-Joseph-Straße 1807), 1944 zerstört.
Alter Friedhof:
Grabmäler:
Staravasnig (1792), Rosa Imberi (1795) (13), Maria Theresia Ligibel (1797), Johann Christian Wentzinger (1797) (17), Fünf Mönche des Klosters St. Peter in der Vorhalle der Michaelskapelle (1806) (73) und andere.

Hauser, Joseph Franz Xaver, Bildhauer
Geboren am 4.2.1778 in Freiburg, gestorben am 9.5.1842 in Freiburg. Sohn des Franz Anton Xaver Hauser.
Alter Friedhof:
Grabstein des Dominik Kraus (1834) und andere.

Hauser, Franz Xaver, Bildhauer
Geboren am 10.10. 1793 in Freiburg, gestorben am 28.1.1838 in Freiburg. Jüngster Sohn des Franz Anton Xaver Hauser.
Alter Friedhof:
Grabstein des Zunftmeisters Alois Schlosser.

Hörr, Joseph, Bildhauer
Geboren am 29.11.1732 in Blasiwald bei St. Blasien, gestorben am 9.3.1785 in Freiburg.
Seit 1755 neben Johann Christian Wentzinger Klosterbildhauer in St. Blasien. Seit 1763 Akademisches Bürgerrecht als Bildhauer der Universität Freiburg.
Werke unter anderem:
Portal der Deutschordenskommende in Freiburg (1768). Bildhauerarbeiten an der Fassade des Palais Sickingen in der Salzstraße (1770). Figürlicher Schmuck an der Zähringer-Epitaphien in St. Peter (1768). »Kindle« (Putti) im Chor der Klosterkiche St. Peter. Taufstein im Freiburger Münster nach einem Entwurf von Wentzinger (1768).
Alter Friedhof:
Grabmäler:
De Carignani (1780), Frey (1795), Stork (1789), Freifrau Maria von Wessenberg in der Michaelskapelle (1781), Freifrau Franziska Antonia von Falkenstein, geborene Gräfin von Schauenburg in der Vorhalle der Michaelskapelle.

Knittel, Alois, Bildhauer
Geboren am 20.4.1814 in Oberbach (Lechtal/Tirol), gestorben am 23.12.1875 in Freiburg. Seit 1847 in Freiburg.
Werke unter anderem: Denkmal Berthold Schwarz auf dem Rathausplatz (1853)
Alter Friedhof:
Grabmäler:
Prof. Beck 1838 (8), Meissburger (1854) (12), Stegmann (1858), Schleip (1862) (14), Heuberger und andere (1865)

Küßwieder, Anton, Maler
Geboren 1759 in Freiburg, Todesjahr unbekannt.
Alter Friedhof:
Seitentafeln des Hochaltars[2].

Pfunner, Johann, Maler
Stammt aus Schwaz (Tirol), Geburtsdatum nicht sicher, vermutlich zwischen 1713 und 1716, gestorben am 24.5. 1788 in Freiburg. Hermann Brommer bezeichnet ihn als den »am meisten beschäftigten Freiburger Barockmaler«.[3]
Werke unter anderem: Malereien im Schloß in Ebnet und in der Berghauser, Kapelle in Ebringen.
Alter Friedhof:
Deckenbilder in der Michaelskapelle (1760).

Riescher, Johann Georg, Bildhauer
Geboren 1759 in Mimmenhausen bei Salem, gestorben 1827 in Freiburg, auf dem Alten Friedhof begraben (s. S. 18).
1786 Bürgerrecht in Freiburg, 1792 Meisterrecht für den Alten Friedhof, Münsterwerkmeister.

Sporer, Fidelis, Bildhauer
Am 8.2.1731 in Weingarten (Oberschwaben) geboren, am 22.3.1811 in Gebweiler (Elsaß) gestorben. Bewarb sich 1753 ohne Erfolg um die Aufnahme als Bildhauer in Freiburg. War 1757 für Wentzinger in St. Gallen tätig. Arbeiten im Breisgau und im Elsaß. Werke unter anderem: Ausstattung der Liebfrauenkirche in Gebweiler im Elsaß.
Alter Friedhof:
Heiligenstatuen an den Seitenaltären der Michaelskapelle.

Vogel, Franz Anton, Stukkateur
Am 5.12.1720 in Wessobrunn geboren, am 18. 6. 1777 in Freiburg gestorben. 1749 Aufnahme in die Freiburger Bauzunft zum Mond. Als Stukkateur in Freiburg und Umgebung tätig.
Werke unter anderem: Decke im Hintergebäude des Historischen Kaufhauses in Freiburg, Zähringen Stifter-Epitaphien im Chorraum in St. Peter (zusammen mit Joseph Hörr)
Alter Friedhof:
Grabmal Küßwieder (85)

Wentzinger, Johann Christian, Maler, Architekt und Bildhauer.
Siehe Text S. 46

Fußnoten:

1 Hermann Brommer, Franz Anton Xaver Hauser, in: Schauinsland 94 (1975), S. 192
2 Josef Dotter, Die Malereien in der Kapelle auf dem alten Friedhof, in: Schauinsland 67 (1937), S. 31
3 Hermann Brommer, Bauleute und Künstler am Ettenheimer Kirchenbau des 18. Jahrhunderts, in: St. Bartholomäus Ettenheim, München, Zürich 1982, S. 66
4 Brommer, Franz Anton Xaver Hauser, S. 185

Literaturverzeichnis

Ariès, Philippe: Bilder zur Geschichte des Todes. München und Wien 1984

Baumgarten, F.: Johann Georg Jacobi. In: Schauinsland 37, 1910, S. 77–100

Bender, Helmut: Johann Georg Jacobi. In: Badische Heimat 60, 1980, S. 253–263

Boehlke, Hans-Kurt: Wie die Alten den Tod gebildet. Mainz 1979. (Kasseler Studien zur Sepulkralkultur Bd. 1)

Bremgärtner, Paul: Vom Bauernhaus zum Herrschaftshaus. In: Littenweiler Bote 11, 1983, S. 1–4

Brenzinger, Heinrich: Das Geschlecht der Brenzinger. Tübingen 1949, Privatdruck

Brommer, Hermann: Künstler und Kunsthandwerker in St.-petrischen Kirchen und Klosterneubau des 18. Jahrhunderts. in: St. Peter im Schwarzwald. München und Zürich 1977

Brommer, Hermann: Die Bildhauer Hauser in Kirchzarten, Schlettstadt und Freiburg. Teil I und II. In: Schauinsland 89, 1971, S. 47–93 und Schauinsland 94, 1975, S. 165–200.

Brommer, Hermann: Georg Saum und Simon Göser in Straßburg. In: Schauinsland 90 (1972), S. 81 ff.

Brommer, Hermann: Bauleute und Künstler am Ettenheimer Kirchenbau des 18. Jahrhunderts, in: St. Bartholomäus Ettenheim, München, Zürich 1982

Dietzel, Andreas: Geschichte des Freiherr von Gleichenstein'schen Weinguts in Oberrotweil, Privatdruck 1984

Dorneich, Julius: Der Alte Friedhof. Freiburg 1974

Dotter, Josef: Die Malereien in der Kapelle auf dem Alten Friedhof zu Freiburg i. Br. In: Schauinsland 64, 1937, S. 3–36.

Dotter, Josef: Zum steinernen Totenkopf am großen Kreuz des Alten Friedhofs. In: Schauinsland 65, 1938/39, S. 194–197

Ecker, Alexander: Hundert Jahre einer Freiburger Professoren-Familie. Freiburg 1886.

Erggelet, Eduard: Lebenserinnerungen. Freiburg 1923. (Ungedruckt, Privat).

Feuerbach, Anselm von: Kaspar Hauser. Neu hersg. von Helmut Bender, Waldkirch 1981.

Furtwängler, Walther: Der Freiburger Alte Fridhof. Diss.phil. (masch.) Erlangen 1923

Ganter, Privatdruck 1984

Geres, C.: Das Grabdenkmal des Professors Staravasnig auf dem alten Friedhof. In: Schauinsland 11, 1884, S. 20–22

Gemmert, Franz Josef: August Freiherr von Berstett. In: Alem. Jahrbuch 1958, S. 327–360

Ginter, Hermann: Südwestdeutsche Kirchenmalerei des Barock. Augsburg 1930.

Goethe, Johann Wolfgang: Belagerung von Mainz. In: J.W.G., Werke Bd. 10. Hamburg 1966

Hefele, Friedrich: Aus der Geschichte der Familie Geiges. In: Schauinsland 63, 1936, S. 80 ff.

Hüppi, Adolf: Kunst und Kult der Grabstätten. Olten und Freiburg 1968

Inhoffen, Ingeborg: Über dem tieferen Schlaf. Bilder und Gedanken zu einem alten Friedhof. Freiburg 1978

Jacobi, Johann Georg: Iris, Ein Taschenbuch für 1813, S. 226 ff.

Kageneck, Alfred von: Das Ende der vorderösterreichischen Herrschaft im Breisgau. Freiburg 1981

Kageneck, Alfred von: Zur Geschichte des Breisgauer Adels. In: Schauinsland 86, 1968, S. 5–20

Kageneck, Alfred von: Das Haus Franziskanerstraße 9 (Collegium Battmannicum – Albert-Carolinenstift). In: Schauinsland 104, 1985, S. 263–268

Kageneck, Heinrich Julius von: Geschichte der gräflichen Familie von Kageneck. Munzingen 1870

Keller, Albrecht. Geschichte der Familie Glockner zu Freiburg i. Br., Freiburg 1904

Kempf, Friedrich: Die Bildhauerfamilie Glänz. In: Schauinsland 34, 1907, S. 49 ff.

Kempf, Friedrich: Die alten Friedhöfe. In: Freiburg i. Br. Die Stadt und ihre Bauten. Freiburg 1898. S. 407 ff.

Kindler v. Knobloch, Julius: Oberbadisches Geschlechterbuch. Heidelberg 1898

Knie: Familienchronik, Privatdruck

Kopf, Hermann: Karl von Rotteck. Freiburg 1980

Kopf, Hermann: Greiffenegg – Aufstieg und Ausklang einer Familie. Freiburg 1974

Krebs, Engelbert: Alte Freiburger Bürgerfamilien. Freiburg 1922

Krebs, Engelbert und Goetz Briefs: Geschichte des Bankhauses J.A. Krebs in Freiburg i. Br. Freiburg 1921

Krummer-Schroth, Ingeborg: Bilder aus der Geschichte Freiburgs. Freiburg 1970

Krummer-Schroth, Ingeborg: Oberrheinisches Mosaik. Freiburg 1974

Kurrus, Karl: Ein Alt-Freiburger Alemanne. In: Freiburger Almanach 1979, S. 113 ff.
Laubenberger, Franz: Freiburg im 19. und 20. Jh. In: Freiburg in der Neuzeit. Herausg. Wolfgang Müller. Bühl 1972, S. 110 ff.
Laubenberger, Franz: Von Geigen und Geigenmachern im Südschwarzwald. In: Bad. Heimat 3/56, 1976, S. 353–358
Laubenberger, Franz: Der Schönehof. In: Frbg. Jahreszeiten 1966, S. 5–10
Liessem-Breinlinger, Renate: Die Hochzeitsreise der Caroline von Langsdorff. In: Geroldsecker Land, Heft 28, 1986
Martin, Karl: Die Einwanderung aus Savoyen nach Südbaden. In: Schauinsland 65/66, 1938/39, S. 3 ff.
Meißburger, Hubert: Herkunft und Familie des Freiburger Barockbaumeisters und Stukkators Johann Joseph Meißburger. In: Schauinsland 102, 1983, S. 155 ff.
Memmesheimer, Paul Arthur: Das klassizistische Grabmal. Diss. Univ. Bonn, 1969
Metz, Rudolf: Edelsteinschleiferei in Freiburg und im Schwarzwald und deren Rohstoffe. Lahr 1961
Morath, Rudolf: Joseph Hörr. Freiburg 1985
Müller, Anton: Der Alte Friedhof. In: Geliebte alte Stadt. Freiburg 1971, S. 110–117
Müller, Leonhard: Karl Friedrich Ludwig Christian Freiherr Drais von Sauerbronn 1785–1851. In: Bad. Heimat 2/65, 1985, S. 457 ff.
Müller, Wolfgang: Mittelalterliche Formen kirchlichen Lebens am Frbg. Münster. In: Freiburg im Mittelalter. Bühl 1970, S. 141 ff.
Nehlsen, Hermann: Die Freiburger Patrizier-Familie Snewlin. Freiburg 1967
Poinsignon, Adolf von: Die alten Friedhöfe der Stadt Freiburg i. Br. In: Adreßbuch der Stadt Freiburg 1890
Poinsignon, Adolf von: Der Totentanz in der Michaelskapelle des alten Friedhofs zu Freiburg i. Br. In: Schauinsland 16. S. 1–4
Poppen, Klaus: Erinnerungen zum Abschied von der Innenstadt. In: Frbg. Almanach 1987, S. 9 ff.
Pyhrr, Clara: Auszug aus der Familienchronik Pyhrr. Freiburg 1921 (handschriftl. Privat)
Reich, Hanns: Wie die Alten den Tod gebildet. Freiburg 1948
Retzbach, Anton: Die Freiburger Armenpflege vom 17. bis zum 19. Jh. In: Zeitschrift für Geschichte von Frbg., Bd. 34, 1918, S. 61–116
Rosenfeld, Hellmut: Der mittelalterliche Totentanz. Köln 1954
Sarrazin, Joseph: General Mirabeau Tonneau. In: Schauinsland 17, 1891, S. 69 ff.
Schlang, Wilhelm: Die Museumsgesellschaft zu Freiburg i. Br. Freiburg 1907
Schleip, Carl Christoph: Lebenserinnerungen. (Privat).
Schöpflin, Johann Daniel: Alsatia Illustrata.
Schmidt, Kurt: Thaddäus Rinderle – Mönch und Mathematiker, Erzabtei St. Ottilien 1981
Schröder, William von: Neue Kunde über die Besitzer des Freiburger Colombi-Schlößles. In: Schauinsland 73, 1955. S. 122-128
Schüle, Irma: Seit 1827 Ruckmich das Haus für Musik. (Privatdruck). Freiburg 1985
Schwarz, Thomas: Wird wieder erwachen. Wissenschaftl. Arbeit für d. Lehramt an Gymnasien. Freiburg 1980
Schwarzmaier, Lore: Der badische Hof unter Großherzog Leopold und die Kaspar-Hauser-Affäre: Eine neue Quelle in den Aufzeichnungen des Markgrafen Wilhelm von Baden. In: Zeitschrift für Geschichte des Oberrheins 134, N.F. 95 f. 1986, S. 245–262
Schweizer, Johannes: Kirchhof und Friedhof. Linz 1956
Siebenpunkt, Amadeus: Deutschland deine Badener. Hamburg 1975.
Speckle, Ignaz: Tagebuch, bearb. v. Ursmar Engelmann. Stuttgart 1966
Stoehr, Berthold: Die Toten des Alten Friedhofs zu Freiburg i. Br. Aufgenommen nach dem Stande vom 1. Januar 1904. Stadtarchiv Freiburg, Signatur Bl Nr. 86
Stork, Max: Die Sage vom Totenkopf des alten Friedhofs zu Freiburg. In: Schauinsland 38, 1911, S. 47–51
Vetter, Walter: Freiburg seine Sehenswürdigkeiten. Freiburg 1978
Volksbank Freiburg: Geschäftsbericht 1973
Weech, Fr. von: Badische Biographien. Heidelberg 1906
Wiedemann, Herbert: Familie Rosset 300 Jahre in Freiburg. In: Frbg. Almanach 1984, S. 90–94
Wilms, Balthasar: Die Zunft zum Falkenberg in Freiburg i. Br. Freiburg 1925
Wohleb, Joseph Ludolph: Aus der Geschichte des Colombischlößles und der Familie Colombi. In: Schauinsland 70, 1951/52
Zanker, Paul: Grabreliefs röm. Freigelassener. In: Jahrbuch des deutschen Arch. Inst. 90, 1975

Quellen im Stadtarchiv

Begräbnisbücher Alter Friedhof B 5 XXV
Nachlaßakten Abt. H

Register